股权合伙控制
终极解答

杨 军 郑和华◎著

中国铁道出版社有限公司
CHINA RAILWAY PUBLISHING HOUSE CO., LTD.

图书在版编目（CIP）数据

股权合伙控制终极解答 / 杨军，郑和华著 . — 北京：
中国铁道出版社有限公司，2023.5
ISBN 978-7-113-29840-1

Ⅰ.①股… Ⅱ.①杨…②郑… Ⅲ.①股份有限公司 -
股权管理 - 研究 Ⅳ.① F276.6

中国版本图书馆 CIP 数据核字（2022）第 215067 号

书　　名：**股权合伙控制终极解答**
　　　　　GUQUAN HEHUO KONGZHI ZHONGJI JIEDA
作　　者：杨　军　郑和华

责任编辑：吕　芰　　**编辑部电话**：（010）51873035　　**电子邮箱**：181729035@qq.com
封面设计：宿　萌
责任校对：刘　畅
责任印制：赵星辰

出版发行：中国铁道出版社有限公司（100054，北京市西城区右安门西街 8 号）
网　　址：http:// www. tdpress. com
印　　刷：三河市国英印务有限公司
版　　次：2023 年 5 月第 1 版　2023 年 5 月第 1 次印刷
开　　本：710 mm×1 000 mm　1/16　**印张**：14.75　**字数**：195 千
书　　号：ISBN 978-7-113-29840-1
定　　价：88.00 元

|前　言|

分享你的股权烦恼，给出马上用的方法

之前出版的《企业融资：投资人没告诉你的那些事》，获得了全国各地读者们的喜爱，基本评价是：很有趣、有用、全是干货、接地气。这本书对于创业者在懂得资本思维、如何写 BP、如何参赛路演、怎样对投资人对接，起到了较好的启发作用。

在我与创业小伙伴交流的过程中，他们对于产品打造、商业模式、投融资对接还算顺利，但是找来的合伙人，对于股权分配、股权退出、成熟和股权激励都一知半解，弄得合伙人之间反目成仇，十分影响企业的健康发展。

他们当中的很多人也买了一些股权实战、股权合伙、控制权、股权激励等方面的书，上面基本上列举的就是俏江南、真功夫、雷士照明、太子奶等知名企业的失败教训，反复讲的是华为的全民持股、京东的 AB 股、阿里的合伙人制度等，对自己创业的项目没有太多参考性，更希望看到的是身边鲜活的案例，与自己的创业经历基本一致。于是我有了写第二本书的想法。

创业过程始终围绕股权合伙控制这个核心来开展，包括赋能合伙人的

股权基因、创业合伙人的股权分配、股权架构的顶层设计、掌握公司控制权的方法、洞察股权融资的内幕、股权激励操盘、破解融资协议中的陷阱七大内容。

在这七章内容的指引下，每章包含很多小节，每个小节又分三大结构：

小案例（以创业者平时咨询我的问题作为主要案例，为节省时间，不强调太多背景，直接提出问题的困惑）；

全拆解（以专业的股权融资等相关知识，对问题进行解答，提出解决方案）；

小结（主要是对重点部分做概括，方便读者快速对本节内容做小结，以便举一反三）。

创业合伙人时间都很宝贵，没有太多时间看长篇大论，所以本书行文尽量采取短小精悍的语录式写法，直接给出结论与依据，包括原则、方法、见解，让读者快速形成认知与体会，在科学创业的路上学会股权、爱上股权、用好股权。

本书的读者定位为创业者、企业家、财务顾问、股权咨询师、律师、投资人、创业导师，对创业、股权融资有兴趣的读者也可以获得很好的价值回馈。

感谢参考文献中的所有原著作者和提出问题的创业者，给我无穷的素材与营养，愿与各位读者共勉！

杨 军 于深圳

2023 年 1 月

目　录

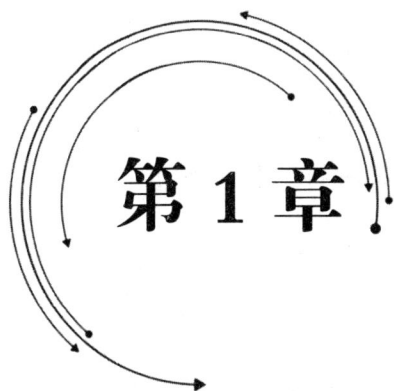

第 1 章

赋能合伙人的股权基因

很多人为什么长得漂亮、长得帅？很大部分原因是她（他）生来的基因就好。创业合伙人要想创业成功，行业技术基因、管理基因、资源基因、运营基因、资金基因都是相当重要的，其中最重要的核心基因就是股权基因。

1.1 选择怎样的行业去创业

【小案例】

之前我接触过一个创业者高锋（本书中所有人名均为化名），他大学里学的专业是广告策划，刚开始做地产策划，就是帮一个楼盘策划一个主题口号，通过各种媒体渠道宣传，起到促销的作用。因此，高锋很相信概念包装的作用。

由于赶上了房地产行业的黄金时代，高锋赚到了人生的第一桶金，后来他和两个小伙伴一起创业。由于高锋思想活跃，不安于现状，总是追求热点。看到市场上有各种团购项目生意很火爆，于是高锋就在深圳南山科技园找了一个写代码的程序员，用了不到两个月的时间，建起了一个团购网站。刚开始还行，但是很快团购网站像雨后春笋般冒出来，很多网站还有巨额的补贴政策。高锋有限的资金根本吃不消，于是他把自己投资的房子卖了，勉强撑了半年，后面实在拼不过那些巨头，他的项目就彻底宣告失败。

高锋是一个不甘失败的人。后来他还陆续创立了机器人、外卖平台、SaaS分销软件等项目，但始终都不温不火，基本上最后都不了了之。他一直不明白为什么自己会失败，自己的项目都是符合当年的创业风口的，而且资本都看好这些赛道。究竟为什么他的项目不能获得成功呢？

【全拆解】

中国的创业市场几乎每年都有一些新的概念，如O2O、AR、VR、人工智能、机器人、无人驾驶、大数据、物联网、云计算、区块链、元宇宙……层出不穷的风口，让创业者和投资人都眼花瞭乱。上面案例中的高锋之所以多次创业，屡次失败，其中很重要的原因就是他总是喜欢追风口，自己没有项目成功方面的基因，不管是技术、管理、运营还是资金，都不能支撑他获得成功。

决定创业成败的因素除了团队外，行业选择也相当重要，一着不慎，满盘皆输。每个创业者都有自己的长处。

1.1.1　结合自身实际与优势，从以下三个标准去选择行业，不能一味追风口和热点

标准一：行业规模是否足够大？比如手机电池的熔断丝，整个市场规模约5亿元人民币，即使你占100%，也只有这么小块。

标准二：行业集中度是否足够低？房地产、钢铁、矿产等行业，市场规模足够大，但产能过剩，集中度趋于饱和，没多少机会。

标准三：行业的创新边界在哪里？是否可通过管理及技术创新来驱动？京东当年放弃八家店铺，开展线上商城，虽然有非典的时机，但主动求变是获得成功的关键。

1.1.2　如何判断项目的赛道是否可行

好的模式要同时符合可预期、可展望、可想象这三个要求，可惜现实中这样的好项目很少。可预期是指一年内业绩与估值，可展望是指三年的发展路径，可想象就是十年的期盼值。

投资要听来自三个方面的声音：一是企业的声音，就是企业的基本面；二是市场的声音，借助市场智慧完善认知；三是自己内心的声音，是获得角度感和进程感的方式。

长期来看，极好的项目应有年化 30% 以上的收益率，一流的项目应有年化 20% 以上的收益率，中等偏上的项目应有 15% 以上的收益率，差的项目年化收益率在 10% 以下。

创新是质的竞争，护城河是量的竞争。判断一个新项目是否能够成为主航道项目，有以下五个要点：

（1）新项目的体验或效率有数倍提升；

（2）新项目有足够的规模，小项目不可能成为主航道项目；

（3）必须有足够的增长速度，要符合摩尔定律；

（4）在商业上是可行的，现在或预见的未来能产生卓越的资本回报率；

（5）第一批消费者已使用并且体验满意，能引领更多的人使用。

1.1.3　创业者要了解热门行业的发展趋势，并有前瞻性预判，不能跟风、追风

比如，近几年比较火的人工智能，其实有 60 年的科学研究，神经网络在 1943 年就有数学模型的构建论文。三大基础领域是图像识别、语音识别、自然语言处理，2010 年是 AI 的分水岭。

无人驾驶也是近几年的热门创业领域，它将让人类对时空观念发生改变，城市功能也将重新规划，停车场、路灯和路牌将逐渐消失，而且将改变医疗与金融保险业，物流价格下降会带来商品价格降低、人类步行减少，购物习惯也将改变，能源、环保部门将重新设计。

创业者要了解到，无人驾驶涵盖的感知系统（机器视觉、超声波传感器、雷达、激光雷达）、人车交互系统（车联网、人机互联）、决策系统（GPS、

北斗、路径规划、惯性测量单元、智能决策）、线控技术系统（方向、速度、停车）、高清数字地图等所有构成要素，将让我们的生活向智能化全面过渡。

事实上，腾讯、百度、阿里、京东、华为、小米等企业都进军造车行业。但是很多企业进展得并不顺利，这与行业基因密切相关，多多少少还是有一些急功近利的因素。

总之，创业者要了解行业发展趋势与技术内核。

1.1.4　各个热门领域的投资逻辑总结

我从事早期天使投资数年以上，遇到无数的创业风口变化，每次去参加创投峰会或去路演做评委，都能感受到不同的行业热点，从投资公司判断项目的标准出发，我总结了常见领域的投资逻辑，供各位创业者学习、升级，科学创业，少走弯路、少踩坑。

1. 内容服务创业项目的投资逻辑

当人人都做平台时，优质内容成为稀缺资源，免费和补贴引来的流量往往缺乏持续性，渠道将萎缩。要想积累用户忠诚度，必须通过优质内容提升用户对产品本身的好感度和黏性。

有声读物及在线音频平台以其优质内容，帮助用户利用碎片化时间扩大知识面，打开认知边界。凯叔讲故事就是很好的例子。

用户为高质量产品、服务付费的意愿和能力也在提升，不仅是付费音乐、付费阅读，从百家号、头条号的风靡流行，到一些知识付费平台的不断涌现，体现了人们对美好生活和优质内容的期待。

内容要满足以下几个前提：你到底为他人提供什么样的价值？这是别人是否关注你的理由，你要和用户建立什么样的关系和链接？如何做到与众不同？如何提供别人所没有的差异化内容。新知要建立在旧知上，要有意义还有意思，有颜值还有言值，好看还好玩。

投资是用钱做杠杆，内容则是用文字和思想做杠杆。最早的媒体业最稀缺的是品牌、渠道和广告主，好的内容创业者擅长获取流量，深挖留存用户的商业价值和转化率是内容创业者遇到的瓶颈，如图 1-1 所示。

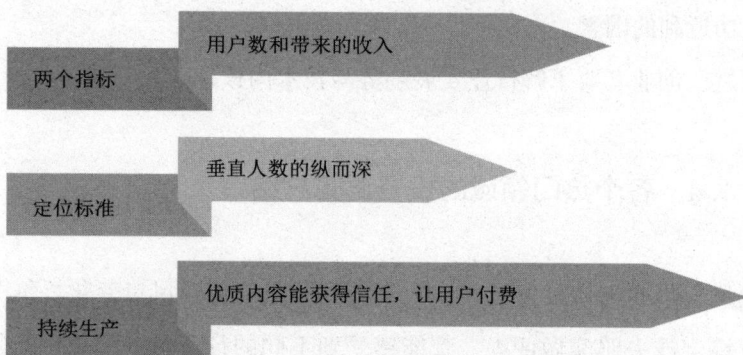

图 1-1　内容服务创业项目的投资逻辑

（1）用户数和带来的收入。用户数和每个用户能带来的收入，是内容创业项目的最重要指标，这两个指标的乘积越大，代表项目越优质。

（2）垂直人数的纵而深。要做垂直人数的纵而深，如你的内容让投资人看到并喜欢，创造的价值比几百万订阅用户的价值更大。

（3）优质内容能获得信任，让用户付费。持续生产好内容将获得用户信任，这就产生一种品牌感，提高了用户的忠诚度、留存率和付费的意愿。

最后要建立社群，从单向关系变为双向甚至网状平台。那么，你的产品和服务提供的是什么内容？

2. 新零售项目的投资逻辑

由于获取流量与持续增长的双重需求，新零售的很大特点是服务和产品的售卖结合。

> 所有线下业态利润=进店人数×转化率×客单价×利润率

新零售项目的投资逻辑有以下三个方面。

（1）企业盈利能力达到瓶颈，最好就是扩展产品线，让每个用户的客单价提高，如喜茶开始卖软欧包。

（2）新零售时代，如果全渠道解决了，线下的流量获取后可继续导到线上消费，用户终身价值也会不断提高。

（3）每家实体店具备基本销售能力的体验中心和品牌养成馆，每家店也是大体系中的库存外包，也是线上售卖的区域分拣中心，未来有线上线下协同效应，服务和产品有结合点的，能快速通过单点做出口碑和品牌的，能为线下零售生态链进行赋能的，是投资的机会。

3. 按月订购项目的投资逻辑

花加、花点时间等按月订购类型的公司融到不少资，主要看用户获取成本和用户终身价值，多次重复购买，看起来模式不错。

按月订购项目的投资逻辑有以下三个方面，如图 1-2 所示。

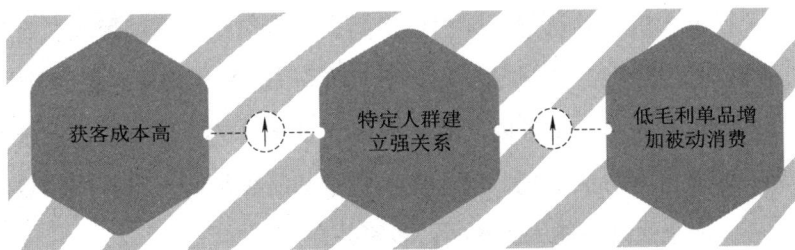

图 1-2　按月订购项目的投资逻辑

目前项目有三个问题。

（1）获客成本高。获客成本比想象要高，用户增长有瓶颈，毛利低，出现明显问题就会激发用户退订，为了留存要不断推新。

（2）特定人群建立强关系。大数据和人工智能时代，每个人都能找到自己专属的产品，走覆盖大量人群的道路越来越难。与特定人群建立强关系的价值，要比和更广泛的人群建立弱关系重要得多。

（3）低毛利单品增加被动消费。增长的路径是通过低毛利的优质单品，深度捆绑特定人群，通过按月订购，增加用户被动消费行动，推出更高毛利SKU（最小存货单位），增加用户终身价值。

4. 充电宝项目的投资逻辑

目前充电宝项目有三种业态：以小电为首的桌面派；以街电为首的小机柜派；以来电为首的大机柜派。未来行业很有可能整合并购。

充电宝项目的投资逻辑有以下三个方面，如图1-3所示。

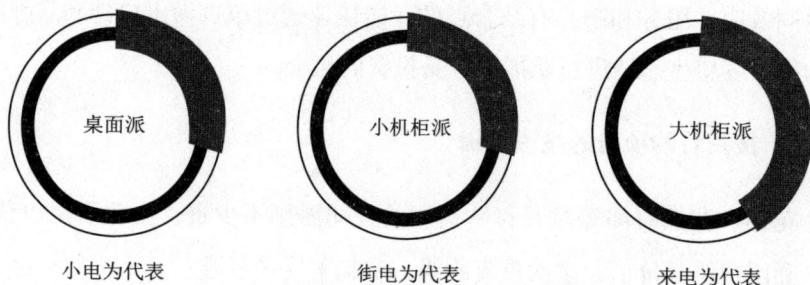

桌面派　　　　　　小机柜派　　　　　　大机柜派

小电为代表　　　　街电为代表　　　　　来电为代表

图1-3　充电宝项目的投资逻辑

（1）投资大机柜的认为大屏想象空间大，有信用和网络效应，有技术壁垒；投资桌面派的认为成本低，广告更具吸引力，易于切入点餐会员系统。

（2）三派都是1~6个月内回本，现金流是正向的，谁有基础设施的渠道优势，谁就占有份额更高，没有技术壁垒和品牌优势，没有网络效应和规模效应。未来最终可能无法垄断，多家共存。

（3）充电宝领域的项目发展到一定量后，就变成了新时代的分众传媒。互联网发展三阶段就是建构、应用和运营。充电宝项目未来可能向互联网平台方向发展。

"三电一兽"是指街电、小电、来电、怪兽充电，是共享充电宝项目中领先的品牌。2021年4月1日晚，怪兽充电在纳斯达克挂牌上市，股票代码为"EM"。未来三家大的充电宝能否整合成一家，我们拭目以待。

5. 无人零售项目的投资逻辑

迷你 KTV、无人便利店是重资本业务，加盟制好像是一个必经之路，无人货架或友宝 2.0 版本的产品形态是否被机构看好？

无人零售项目的投资逻辑有以下五个方面，如图 1-4 所示。

（1）占领渠道。无人业态的发展重点在于占领渠道、迅速扩量，简单直接好过花哨的概念。

（2）成本越低越好。客单价，布置成本越低越好，涉及供应链等后端服务也要成本低。

（3）可满足 B2B2C 双边需求。产品本身有场景，可满足 B2B2C（经销商—平台—消费者）中渠道和客户双边需求，渠道难度越低越好。

（4）加盟模式和管理能力。重资本项目，在满足以上条件下，要有极好的加盟模式和管理能力。

（5）融资能力。最重要的是在资本市场卡位中的融资能力。

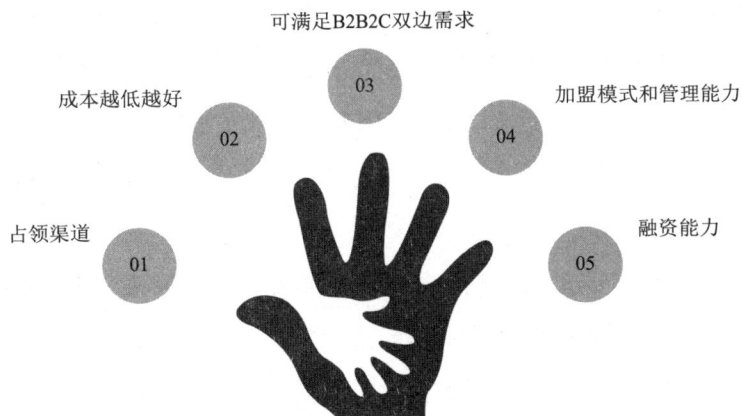

可满足B2B2C双边需求

成本越低越好

03

加盟模式和管理能力

02

04

占领渠道

融资能力

01

05

图 1-4 无人零售项目的投资逻辑

6. 人工智能项目的投资逻辑

人脑对于世界的作用有三种：识别、判断和行动。人类的行动大都基于经验，AI（人工智能）的行为是基于数据，AI 最终能作用于任何存在大量数据并且可被训练总结成经验的领域，越能够被量化、越年老越吃香的行业，越容易被 AI 取代。

人工智能项目的投资逻辑有以下四个方面。

（1）AI 很难有 2C 的应用场景，如 AI 个人智能助手就是一个非刚需的伪需求。

（2）AI 更多应用于 2B 的场景，通过技术帮助现有公司做更好的事情，互联网巨头会开放自己的接口，AI 大部分被几家巨头瓜分。

（3）当下不少创业公司被大公司收购，尤其是偏向人才和技术收购。

（4）一些垂直领域的 2B 人工智能公司更有机会被投资，如教育、医疗、金融、政府机构等，其行业理解和业务推广能力相当重要。

7. 体育领域项目的投资逻辑

随着北京成为双奥之城，大众参与体育运动的热情高涨，体育领域项目的投资逻辑有以下七个方面。

（1）大众运动的类型。最为常见的是跑步、骑行和健身这三块。群体的参与度非常高，不太受场馆条件的限制，容易发展起来。

（2）由于北京冬奥会的成功举办，未来冰上、雪上运动也会有非常多的投资机会。

（3）要分析细分行业，再往下看细分产品，直到筛选出我们看好的目标企业，然后看目标企业的具体情况。

（4）跑鞋产品可分为功能性产品、时尚性产品、传统风格产品和创新型风格产品。在美国，跑步教练的收入远高于健身教练。

（5）基本上入门级别的跑步装备需要约 5 000 元，高级跑步装备为 2 万 ~3 万元，中级跑步装备均价约为 1 万元。

（6）投资人如何看体育行业的项目？主要是看创始人和团队，还要看产品或服务本身、市场规模和成长空间，以及用户数量和用户体验。

（7）关于团队，主要看创始人的背景、企业愿景、创新能力和执行能力。早期投资最重要的，还是看人，格局、执行力、资源、协调能力等都很重要。

8. 医药领域的投资趋势

退休潮来了，中国毫无疑问地进入老龄化社会，刺激了医疗健康市场的需求，医疗健康产业受欢迎。持续的医改强调制药过程的质量与效率，使投资人青睐医药制造企业，并购事件也常有发生。医疗健康投资主要有四个方向：创新药、医疗器械、医疗服务、IT 技术的应用，如图 1-5 所示。

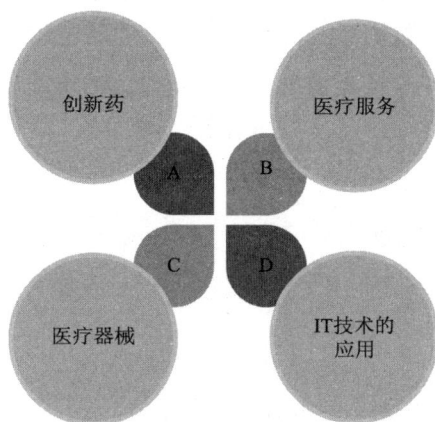

图 1-5　医药领域的投资方向

医药领域项目的投资逻辑有以下六个方面。

（1）中国医药行业的估值这样来考虑：何时拿到 IND（临床试验申请）证书？何时三期临床？药能够纳入医保报销吗？市场运营和销售如何？利润怎么样？能否 IPO 上市？采用 VIC 模式（风投＋知识产权＋研发外包），在中国做 CRO（合同研究组织），把后续临床做完。

（2）医疗器械行业细分有几千个，周期短，可投市场份额大或很重要的领域，做进口替代，有高端耗材。比如，分子诊断和 POCT（即时检验）

诊断，这是值得投资的。

（3）对于专科医院，民营投资是有机会的，医生资源是重要依赖，而设备和可复制连锁要有一定的规模。

（4）省级层面基本药物采取集中采购与分销，而众多中小型药厂面临财务困难，"两票制"也让龙头对中小型药企并购整合出现更多机遇。

（5）远程医疗成为热点的细分行业，互联网＋医疗领域估值一般采用市销PS法，倍数在5~20倍，医疗服务重心下移和诊疗资源下沉，互联网的应用将为医疗行业助力。

（6）基层诊所医务人员很多甚至不会读心电图，当有急性心梗等患者时，存在诊断处治不及时的潜在风险，而人工智能也会对业务带来竞争。

移动医疗、人工智能、区块链在医疗行业的应用值得关注。投资人要对医药行业政策进行深挖和预判，加强对细分领域的研究，采取分散投资的策略，但避免早期项目过多带来风险。

【小结】

初创者要选择模式相对简单、成本低、占用资金少的行业，选择那些受国家政策、经济环境、外汇政策影响小的行业，如金融行业因其强监管、高风险、资金和科技密集不适合大多数创业者。

选择行业不是开辟一个新战场，而要研究现有行业忽视的潜在价值，是否有过剩、没被利用，或者要付出代价和成本去处理，可变废为宝的资源。

选择行业不要肤浅理解，如区块链行业，很多创业者就片面理解成炒币、炒矿机，这是短视的行为。对于兴起的元宇宙领域，很多创业者已经开始转型从事元宇宙行业。没有深入研究自身的创业基因与优势，建议不要轻易进入陌生的领域。

1.2　如何找到志同道合的小伙伴打天下

【小案例】

我做天使投资时，跟深创投的刘博士约好去看一个无人机项目。创始人张兵是从华为出来的，技术研发出身，也很了解大疆无人机与自己项目之间的差异化。张兵当时还找了一个合伙人肖熙，负责市场拓展，由于张兵当时没有给肖熙开多少工资，所以直接就分了他 30% 的股权。

随着样机生产出来，我和刘博士看到样机后，发现还是有一定技术含金量的，于是开始进行尽调。在跟肖熙单独交谈的过程中，他说出了心里话，他说跟张兵合作主要是看中这个项目，如果能获得风投的投资，可以套现去深圳买一套房，因为他来深圳也有六七年了，但是一直错过了最佳的买房时机，创业套现可能是一个好机会。面对合伙人这样的创业愿景，我和刘博士说还是有风险，后面就没有跟进这个项目。

过了一段时间，我跟张兵沟通，他的项目没过多久确实获得了一笔 800 万元的天使投资，但是在对资金的使用上，他与肖熙产生了严重的分歧。肖熙说自己少拿那么多工资一起为公司打拼，现在公司有钱了，应该补偿他的损失，最好能分点红，让他去交个买房的首付。张兵因为在华为的待遇不错，买房也买得早，所以没有这方面的压力，面对肖熙的要求，他认为这个合伙人只想到个人利益，没有跟他一起把项目做更大、向着更高目标奋斗的计划，所以一直不愿意分钱。结果肖熙的 30% 的股权张兵也没有去回购。公司就这样一直拖着，投资公司的钱一天天快用完了，肖熙的工作态度也越来越消极，给公司造成了严重的负面影响，员工纷纷离职。很有前景的一个项目就这样黄了。

张兵跟我说，现在发现创业找合伙人真的太重要了，要以初心不改的合伙精神来创业，以信仰为纲，有统一的价值观，让合伙更有灵魂。

【全拆解】

张兵的故事告诉我们，找合伙人不是找女朋友，谈恋爱感觉不合适就可以分手。事实上找合伙人更像找老婆，在一起之前要想清楚，双方到底合不合适，能不能一起走到底，事先做的功课越足，一起走下去的概率就越大。

如何找到合适的合伙人？如果成立公司，如何对待不同类型的合伙人？这些都是我们在创业之初就要思考的问题。下面根据我多年来做早期投资的成功经验，结合实际融资辅助过的案例，给大家一些有用的规则，以示启发。

1.2.1 成功创立公司的八件要事

创业维艰，注册一家公司很容易，但是成功创立公司有很多困难，想要获得成功，这八件重要的事情一定要注意。

（1）挑选优秀的联合创始人，一定要花时间去找，雷军创业第一年80%的时间是在找人，这是最重要的决定。

（2）设定产品发布日期，迅速发布产品，这个日期必须是固定的，不能改动。

（3）产品发布后的学习总结和产品迭代，吸纳用户的意见，快速形成优化方案。

（4）忘掉大众市场，努力让你的早期用户喜欢你，你不可能让所有人都喜欢。

（5）不要在客户服务上妥协，要与客户沟通，让客户有惊喜，从而喜欢你提供的产品。

（6）确定重要事项并加以衡量，如收入的确认、客户满意度、业务和团队建设等。

（7）营造节俭的公司文化，即使融到了资，也要把钱用在刀刃上。要迅速获取盈亏平衡点，也就是赚的钱刚好支付公司的基本开销。

（8）排除干扰，避免分心，不要被一些貌似赚钱的事干扰你，避免一直去融资，可找融资合伙人帮忙。遇到困难不要焦虑，要保持积极的心态，直至挺过难关。

1.2.2　如何找到合适的合伙人

合伙团队是创业成功的关键因素，找到合适的合伙人至关重要。

找到合适的合伙人有没有什么标准可循？图 1-6 所示五个标准是找合伙人时要参照的。

共同价值观　人品态度能力　遵守游戏规则　正确的金钱观　愿意付出尊重他人

图 1-6　找到合适的合伙人的五个标准

（1）共同价值观。要有共同的价值观，有能力和梦想，不是只为了赚钱，而是即便没有任何监督，他都能熊熊燃烧起来的人。

（2）人品、态度、能力。人品第一，态度第二，能力第三。正心、正念很重要，创业最怕道德风险。

（3）遵守游戏规则。合伙人要懂得遵守游戏规则，如出资、上班时间、工作有结果和交代，不能是打工者的心态。

（4）正确的金钱观。合伙人应拥有正确的金钱观，不能小富即安，不能太自私。

（5）愿意付出，尊重他人。当然，愿意付出、懂得尊重他人和团队，这些也是很重要的品质。

找到相当合适的合伙人后，股权分配、相互磨合期、制定公司章程、创业领域的选择等，都需要跟合伙人一起开会讨论确定，提前确认好规则，包括以下四个方面，如图 1-7 所示。

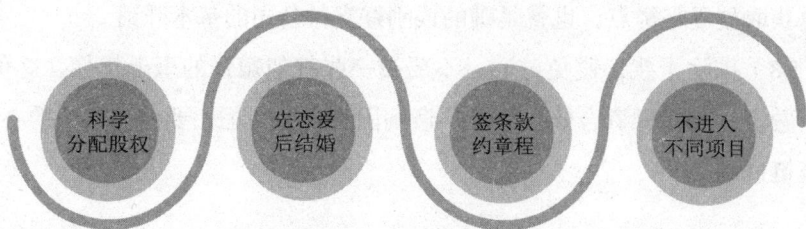

科学分配股权　先恋爱后结婚　签条款约章程　不进入不同项目

图 1-7　确认好规则的四个方面

第一，科学分配股权。股权如果平均对分、三分或者 4∶3∶3，都容易出问题。大股东所占股权一定要大于其他小股东之和。

第二，"先恋爱后结婚"。找合伙人一定要"先谈恋爱再结婚"，如了解合伙人的配偶，请过来一起吃饭，聊聊家里的情况。

第三，签条款，约章程。签好相关条款，约定好股东章程，出现问题时章程大于公司法。

第四，不进入不同项目。不要贸然进入不同的项目，人们都是趋利避害的。

初创公司缺资源，引进顾问、兼职员工是否成为合伙人，如果考虑不周全，后面会很麻烦。因此，在公司创办时，要对以下五类合伙人区别对待，如图 1-8 所示。

顾问　爱人　兼职人员　天使投资人　早期普通员工

图 1-8　区别对待五类合伙人

（1）顾问：如果资源对企业有决定性作用，可以谈合伙人身份、股权、待遇问题；如果资源只是增量，不要给股权，可以给工资。

（2）爱人：可能同时兼任财务、业务、人事、对外公关等，要把家庭与公司分开。

（3）兼职人员：技术大咖、牛人，不确定加入公司的，可以给工资报酬；确认要加入公司的，刚开始付工资，后面可将工资转为股权，再加一定期权。

（4）天使投资人：选择有一定长线价值的投资人合作会更好些。

（5）早期普通员工：如果能力较强，有共同价值观，可考虑做合伙人。但有很多欠缺的，还是授予期权，不要动不动就做成合伙人，这样并不好。

股权除了可融资之外，还可以作股权质押、融智（吸引优秀人才与顾问）、股权运作。合伙人的股权可以注册一个有限合伙持股平台，该平台不要求注册资本，而且也没有公司章程。常见的有限责任公司是按股权比例分配利润，但作为有限合伙持股平台是按合伙协议来分配利益的。

合伙对象其实可分为三类，如图 1-9 所示。

图 1-9　三类合伙对象

第一类：创始股东。三个或以上的创始股东，以股权分配为主。要选择志同道合、有同样价值观的合伙人，杜绝平分股权，要由领头人掌握控制权，提前约定退出机制，设定动态股权机制。

第二类：内部合伙人。联合创始人、核心骨干、管理层、普通员工等内部创始人，以股权激励为主。

第三类：外部合伙人。渠道、专家、投资、资源等外部合伙人，以股权运作为主。

要明确合伙人的身份，选择合伙理想一致的人，基于项目创始团队的需求、合伙人自身的需求去考虑，而不是单一的某一时段的需求，约束与退出是关键。必须先签合伙协议，再约定股权，到一定周期后再进行工商变更。

创业失败的前 20 个原因里，50% 以上与联合创始人的问题有关，可想而知，联合创始人有多重要。

如果你是一名营销高手，你的联合创始人最好是一名技术奇才；如果你性格内向，那么他最好是外向。

以下是测试联合创始人是否合适的一些问题：

• 其他创始人是否认为你是一位创始人——一位对创业成功至关重要的人？

• 你是否与其他创始人有过工作关系？

• 你打算很快全职加入这家初创公司吗？

• 为了实现创业的目标，你准备放弃其他的机会吗？

• 你希望或需要初创公司从一开始就支付你工资吗？

• 你和你的联合创始人的技能和经验能否互补？

1.2.3　搭建创始团队的四个核心要素

创始团队搭建四个核心要素：互相信任、能力互补、分工明确和出钱出力。

携程四君子、腾讯五虎、小米铁人三项都是创业成功的典范，表明创业进入合伙时代。

刘备为什么不找曹操、孙权合作？找关羽和张飞"创业"，因为只有这样他才是老大！

如图 1-10 所示，老大必须是进攻型的，要清楚公司战略方向，有很强的意志力和抗压能力，老二要懂精细化管理，守得住、执行快。

图 1-10　搭建创始团队的四个核心要素

创始合伙人一般都是天使投资人、全职运营者，有的出大力、出全力、出长力。

股权分配及动态兑现、考核指标及退出机制，提前要在公司章程中约定好，并在合伙协议中签好字。

假如，你着急请了一个技术合伙人加入，既没让他出钱，又没签什么股权成熟协议，给了他 10%的股份并做了工商变更。刚开始这个技术合伙人可能表现还可以，后来开始工作不积极了，反而只做一些自己想做的事。你跟他沟通让他离开公司。他很可能会反问你以下三个方面的问题，如图 1-11 所示。

图 1-11　三个股权相关问题

第一个问题：公司法有规定股东一定全职上班吗？

第二个问题：公司章程上有写我这个技术合伙人需要做出什么贡献吗？

第三个问题：合伙之前有约定我必须做什么事情、负什么责任吗？

三个问题的答案都是：No！

创业者可能认为合伙谈钱伤感情，轻视公司章程和股权分配，没有动态调整和退出机制的情况下，当不得不散伙时，发现竟然找不到任何合法的理由把股权收回。

有些合伙人认为公司都是自己的，不需要发工资和拿提成，但这是不对的。合伙人还是要拿工资和提成的，应遵循以下四个原则，如图1-12所示。

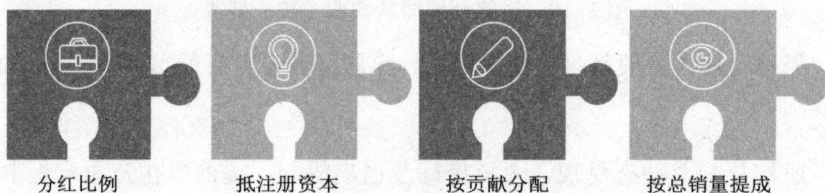

分红比例　　抵注册资本　　按贡献分配　　按总销量提成

图1-12　合伙人拿工资和提成应遵循四个原则

（1）分红比例：可以先不发放工资，但是要约定分红的比例，平衡合伙人之间的付出。如有了利润可以补发工资，剩余的再按股权比例分配。

（2）抵注册资本：如果几年都不发工资，可以用工资来抵注册资本。如果拿工资，则可以拿市场上相对较低的标准。

（3）按贡献分配：如果产品单一，那么谁成交就由谁来拿提成。如果是需要大家配合完成的业务，就按做出的贡献来确定分配比例。

（4）按总销量提成：如果产品是多样化、零碎的，可考虑用每个月总销量的比例来提成。

1. 初创企业如何招人

初创企业也要做招聘和培训工作，招聘时可以展示PPT，让面试者知道未来是一家什么企业。

初创企业模式不确定时，可以校招员工一起打拼；如果模式很清晰，可以进行社会招聘。

对于互联网招聘平台，可选 BOSS 直聘，再找一家类似前程无忧的招聘网站即可，不需要广撒网。

面试时可以跟求职者聊聊对于企业所处行业和当前方向的看法，在交流碰撞中为你带来一些新的启发甚至答案。如果刚好是饭点，一起边吃边聊，这样会体现人格魅力，也能让面试者感到亲切。

对于男女比例，最好是相等或差不多，因为年青的团队需要互相鼓励和交流。

对于培训，可采取案例讨论式、角色扮演式、网络课程式。新员工手册不要超过一页，只强调什么不能做的底线即可，千万不要弄什么 KPI 考核，容易给人吓跑了。一起采取人盯人的方式，共同达成目标即可。

创业小公司应尽可能地少用人，能雇一个人，绝对不雇两个人。尤其是在战略都没弄清之前。组建一个公司团队时，要避免找能力比自己差的人，要尽量找能力强的人，工资和股份可以设计。

你找的人最好是自驱型的人，最好的管理是不用管理，因为他比你还在意要让这件事情成功。

那么作为创始人，你用什么来吸引你想要招进的人才呢？

（1）分享愿景，成为优秀的布道者，把脑海中规划的愿景目标、宏伟梦想不断地传递给身边的人，让他们对梦想有憧憬、有希望，并深信可通过所在团队的努力去实现。

（2）向新加入的成员传达"我们很在乎你的加入，我们希望你成为这个公司的一部分，这个公司也有你的一份，公司未来的成长所获得的收益，你是有份的"，让他意识到今天的付出，通过资本杠杆，可以在未来换来成倍的财富增长。

（3）给予符合个性诉求的工作环境和氛围，以及是否有厉害的人或领导给予其帮助。一定要清晰地了解他的需求,这对于团队收获人才大有裨益。

2. 如何寻找创业伙伴

找创业伙伴一定要先了解他的家庭、感情、职场情况、创业心态,合伙人开始就签订合伙协议,如果合伙人退出要提前三个月甚至半年提出,否则要有较为严厉的惩罚机制。

创业之前,创业者可以到有天使轮或 A 轮进入的公司先工作一段时间,亲眼看看,亲身参与,体会一家创业公司如何从小做到大,中间又会遇到哪些事情。

真正有远见的创业者,会在创业前就充分评估好风险水平和自己的承受能力。比如,自问一旦出现最糟糕的结果,自己能否承受得住。

创业最好不要用信用卡套现、网贷、高利贷等方式,不能要求所有人为了梦想不顾一切,因为有的人的工资可能是他的全部保障。

创业合伙人拿团队中等偏下的薪资,如果年终分红不错,可以让团队骨干成员拿较高的薪资。

3. 科学创业要做好四个准备

从大众创业、精益创业,再到科学创业,创业者要提前做好准备。创业失败的公司,有 25% 归因于资金问题。因此初创公司一定要控制成本,减少不必要的开销。租用办公场所应以省钱为主,不需要盲目追求豪华的办公场地,要把精力放在做业务和产品上。

以下四个方面的准备工作一定要充足,如图 1-13 所示。

控制员工数量 　　15~18个月　　克服低成本用户错觉　　升级商业模式

图 1-13　科学创业要做好四个准备

（1）控制员工数量：合理设置员工薪酬福利。凡客诚品在 2011 年有 1.3 万员工，这一年亏损 6 亿元，前期投入后只剩下 300 人。

（2）15~18 个月：创始人的个人财务一定要和公司财务分开，融到的钱至少要保证公司运营 15~18 个月。

（3）克服低成本用户错觉：早期客户增长往往会给创始人极大的激励和错觉，继续投资这些早期低成本的用户，效果一般不会太明显。

（4）升级商业模式：一定要升级商业模式和财务模型，如果不建立三年成长的财务模型，无论是促销还是补贴，都将是一种虚假繁荣。

4. 公司的正职、副职要搭配好

早期项目团队人员不可能全配齐，因此一定要预留股权为引进人才做准备。合伙人团队一定要有这个期权意识。

创始人可先代持期权，也可由各联合创始人代持。当然，团队里要有"统帅"，也要有"干将"，各司其职才能团结向前。

"统帅"是制定战略方案和政策的，也是处于困难时最能坚守且找到出路的一号人物。"干将"是能守善干、落实战略意图、执行战术打法的合伙人。

先确定一个"带头大哥式"的"统帅"人物，"统帅"与"干将"之间要从学历、经历、能力上相互匹配。

"统帅"要敢于进攻，文质彬彬、温良恭俭让、事无巨细、眉毛胡子一把抓的人不适合做创业团队的正职，正职必须清晰理解公司的战略方向，对工作有周密的策划，有决心、有意志、有毅力，富有自我牺牲精神，能带领团队，不断实现新的突破。

副职一定是精细化管理，撕开口子后，能守得住，具备正确的执行力。要合理设定进退机制，技术层面很好解决，关键是要有此理念，事先设定动态机制，根据贡献值到达的里程碑来兑现股权。

5. 如何定好合伙人的规则

合伙创业，最怕就是没有提前定好合伙人的规则，都是口头承诺，"兄弟式入伙"创业，最终结果却是"仇人式散伙"，为了避免出现这样的局面，合伙人的规则要提前制订好，可从以下几个方面来定，如图 1-14 所示。

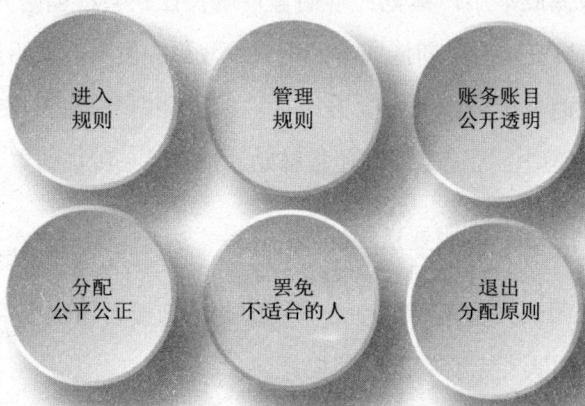

图 1-14　定好合伙人的规则

（1）进入规则：让合适的人有序进入，投资多少要约定好，初创时期就定好进入规则。

（2）管理规则：让合伙人感到公正，主动服从，尤其要定好最终拍板的人。

（3）财务账目公开透明：账务管理账目要公开透明，让合伙人放心，钱账分开管，互相监管。

（4）分配公平公正：分配要公平公正，多劳多得，加强内部监督。

（5）罢免不适合的人：对无法创造价值的人、影响公司运行的人，请合伙人支持，坚决给予罢免。

（6）退出分配原则：要把丑话说在前面，要退出的明确财产分配原则，提前做好准备，充分运用法律手段。

6. 这 10 类合伙人不要选择

创业与人合伙的过程，很可能会遭遇隐瞒和背叛，遇到不可靠的合伙人，会令自己面临创业生存危机。如果你没有慧眼识别合伙人的能力，项目很可能就会陷入万劫不复的境地。千万要小心！

以下 10 种类型的合伙人不要选择。

（1）拥有强大背景的"空降兵"，留学、MBA、名企、30 岁以下只会讲理论，拿不出成果的人。

（2）小富即安的人，只谈买房、买车、结婚生小孩的，从不谈上市、竞争对手、商业模式和管理。

（3）经常拖延的人，日常生活就经常在小事情上不按时完成的，如做个商业计划书都拖拖拉拉的人。

（4）沉不住气的人，遇到事情就慌神，六神无主，一天一个兴趣，今天学下棋，明天学书法。

（5）没有抗压能力的人，一个人的空窗期越久，抗压能力越差，还经常抱怨上司和同事。

（6）犹豫不决的人，有很多备选方案时，他会觉得每一种方案都可以，没有主见。

（7）受不了委屈的人，习惯性认为错误与自己无关，喜欢意气用事，给团队负面影响。

（8）以家庭为重的人，满脑子都是爱人、孩子和父母，没有干事业的冲劲。

（9）没有创业意识的人，不想上班，或者被别人劝来创业的。

（10）不懂商业模式的人，合伙人可以不懂技术，但是必须懂经营管理、营销。

只有那些具备舍得、逆商、财务、掌控、应变、分析、切入、整合、自省、持续等综合能力的人，才适合做合伙人。

7. 学好这五步，创业合伙很轻松

不少创业者以为把股权比例一分配就是合伙创业了，其实正式的合伙要有以下五步。

第一步，先把公司主体、性质和类型弄清楚。

公司有个体工商、有限责任公司、股份制公司、合伙企业等类型，有限公司以资本合伙制为主，现在是合伙人时代。考虑公司主体要从顶层设计、合理节税和控制权几个方面去考虑。

第二步，把合伙人、股东及进退机制定好。

根据人数决定要成立持股平台，哪些进行工商变更，哪些不需要变更。股东类型划分如表1-1所示。

表1-1　股东类型划分

分类维度	股东类型		
按时间分	长期股东	中期股东	短期股东
按投入分	全职	兼职	不参与
按资源分	实资源（有形资源）	虚资源（无形资源）	没资源
按资金分	出钱	不出钱	出钱
按贡献分	创始股东	新股东	新股东
按责任分	兜底	不兜底	不兜底
按身份分	显性股东	隐性股东	显性或隐性股东
按需求分	战略股东	财务投资	财务投资

不同类型的股东进入及退出的价格是不一样的，出钱又全职的属于长期股东，可按1元/股进入，出钱但不参与管理的短期股东可按2元/股进入，依此类推。在时间和投入维度越高的人，价格越低，在资源、资金维度越高的人，价格越高。有些外部资源或资金方进入价格可以按2~8元/股。

不方便显名的股东可签代持协议，要先谈规则，再谈感情。在职合伙人退出公司时，对应的股权一定要收回；非在职合伙人退出，可按时间节点约定或按协议内容来办。正常退出合伙人无损失或享受到对应的股权溢价收益，违法违纪、触发红线等非正常退出，股权价格受影响，造成经济损失的，要赔偿损失。

退出价格的几个参照方式：内部估值、2~3年的净利润或销售额、净资产、最近一轮融资估值或被并购的估值、第三方评估公司的估价、上市股票发行价的一定比例、合伙人原始出资额的一定倍数。

第三步，一定要把股权比例分配好。

股权分配杜绝平分。一定要有带头人，投资人投大钱占小股，创业者投小钱占大股。相对合理的原则是"老大清晰，决策高效"，常见的比例如两个人合伙70%∶30%或80%∶20%；三个人合伙67%∶18%∶15%；四个人合伙70%∶20%∶5%∶5%。

第四步，签订一些相关的协议。

千万别为了顾面子，口头承诺说一切好商量。以下协议最好一次性签好：《合伙人股东协议》《一致行动人协议》《股权代持协议》《投票权委托协议》《有限合伙协议》等。

第五步，办理工商注册变更。

千万别为了体现自己的果断与大方，一顿酒下来就说马上让人去办理工商变更。有的变更了钱没到账，有的合作两个月就发现合不来。股权比例要按类型不同来分配。千万别以为自己在公众号上花50元上了个股权微课堂这类课程，就以为自己很懂股权了。

【小结】

你不能总是让别人看到梦想在远方，还要脚踏实地看现在，解决当下的问题。要让合伙人明白在一起是做一件什么事情，为什么想要这么做，明确合伙的方向。要注意以下四点，如图1-15所示。

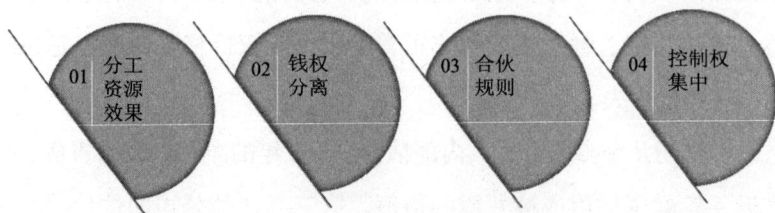

图 1-15　明确合伙的方向需要注意四点

第一，大家是如何分工的，各自出什么资源，希望取得什么效果。

第二，不管是选举还是轮值，要选出合伙的领头人，给予他决策权，可以权、钱分离。

第三，制定合伙规则，让管理运行过程机制健康运作起来，可以将持有的股权与工作成果挂钩，根据最终成果来明确合伙人的最终股权。

第四，做好主体公司的控制权集中，不会受到后期投资人的阻碍。当然形成合伙人文化可能比较难，需要一定周期的运行，但是要不断支持与包容，才能不断取得阶段性胜利。

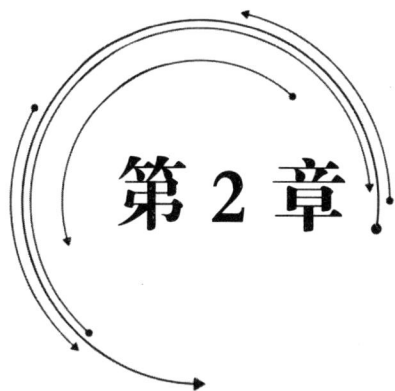

第 2 章

创业合伙人的股权分配

创业失败除了资金紧张之外，绝大部分是因为股权分配不科学，只是简单地分出一个比例就算大功告成，对于股权进入、股权成熟、股权退出没有详细规划，导致后面出现一系列的问题，甚至出现兄弟式入伙，最终仇人式散伙的局面。

2.1 如何设计好股权进入机制

【小案例】

云南瑞丽有个做翡翠家居项目的李大丰，来深圳找到我，说他终于找到了一个懂他的个人天使。之前是因为我帮他代写过商业计划书，写得还是很有投资逻辑的，我当时建议是融资 500 万元，稀释 20% 的股权，结果李总说北京的天使投资人十分看好他这个项目，还有北京冬奥会的一些资源和渠道帮他对接，也愿意投 300 万元，另外 200 万元是用资源来换，但是要 60% 的股权。我一听就觉得不对劲，这样不是白白把自己创办的公司拱手送人吗？

可是李总说自己手上几乎没有现金了，只要北京这个天使投资人真的看好这个项目，他愿意只做二股东，占 40% 也无所谓。

事件的发展并不像李总想的那样天真。北京这个个人天使投资人后面说的 200 万元的资源渠道迟迟没有落实，他还怪李总没有经营能力，从外面聘请了一个职业 CEO，让李总把 10% 的股权也分给这位 CEO，这样一来李总就只剩下 30% 的股份了。后来北京天使投资人联合这位新的 CEO，基本就算是把李总扫地出门。李总望着自己一手创业的项目，最终一声叹息。

【全拆解】

对于瑞丽李总的亲身经历，我曾好言相劝的，可惜当初他就是不相信。

他认为只要对方肯出钱,就是大股东,自己做二股东也可以把项目做成功。尤其这 200 万元的所谓资源能起到真正的作用吗? 他自己心中也没有底。因此,对于创业初期,对于各种资源,包括技术、财力、场地、人力,我们一定要设计好科学的进入机制。

1. 如何依据贡献算股权

当创业中有三类合伙人时,如何分股权? 合伙对象可分为三类,如图 2-1 所示。

图 2-1 三类合伙对象

（1）创始股东:三个或以上的创始股东,以股权分配为主。

要选择志同道合、有同样价值观,杜绝平分股权,要有领头人掌握控制权,提前约定退出机制,设定动态股权机制。

（2）内部创始人:联合创始人、核心骨干、管理层、普通员工的内部创始人,以股权激励为主。

老板和员工之间要相互信任,并确认老板是否真的舍得分股权。

（3）外部合伙人:渠道、专家、投资、资源等外部合伙人,以股权运作为主。

要明确合伙人的身份,选择合伙理想一致的人,基于项目创始团队的需求、合伙人自身的需求去考虑,而不是只考虑单一的某一时段的需求。约束与退出机制是关键。先签合伙协议,再约定股权到一定周期后再进行工商变更。

怎样依据贡献值来计算股权呢? 如图 2-2 所示,可以按照以下五个方面的标准来计算。

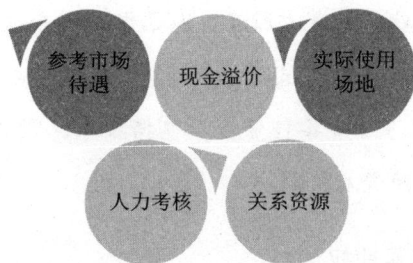

图 2-2　按照五个方面的标准来计算股权

（1）创始人的贡献进行估值，如他的市场待遇是 5 万元，那么 4.5 万元就应算是对公司做了贡献，这 5 000 元可以计算股权。

（2）刚开始投入的现金应适当溢价计算，因为难能可贵。

（3）公司需要 500 平方米的办公场地，某位合伙人提供了 2 000 平方米的场地，这只能按 500 平方米的租金来计算股权，另外的 1 500 平方米对于创业公司是没有价值的。

（4）人力投入的，可设置一些考核标准，只要满足条件，可以兑现股权。

（5）关系资源可有三种方式兑现：给予一定提成，按市场行情给予佣金，在应付成本基础上，适度参照价值来评估。

有些工作时间、创意没有实际价值的，则不能量化，不能兑现。

2. 如何让人力资本作为出资入股

人力资本包括知识、技术和创新研发能力，无法合理量化，难以直接股权转让，但是可采取以下方法来计算入股，如图 2-3 所示。

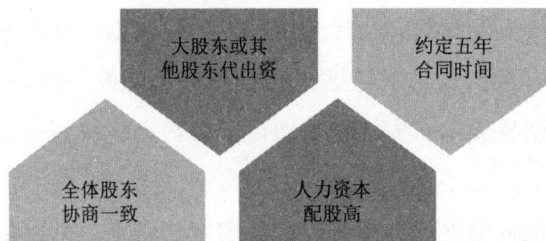

图 2-3　计算入股的方法

（1）全体股东协商一致。估值可经全部股东协商一致确定，可根据市场身价、薪酬收入及公司资产来确认人力资本的价值。

（2）大股东或其他股东代出资。人力资本股东可由大股东代为履行出资义务，或由人力资本持有人之外的其他股东同比例代为承担出资义务。

（3）人力资本配股高。在股东分配上应对人力资本股东实现适当的较高比例配股。

（4）约定五年合同时间。可约定劳动合同至少五年，对技术型人才可对相关软件升级版本提出硬性指标等要求，出资履行期限内不得转让，如三年内以较低价格退出，或五年后以较高价格退出，还需要三分之二以上表决权股东同意。

3. 怎样让出钱和出力的股东分配股权更合理

通常大家合伙创业一般按投入钱的多少来分配占股比例，如表 2-1 所示，完全按投资额的多少来确定占股比例。

表 2-1　完全按投资额来分配股权

股东	定位	参与方式	投资额（万元）	占股比例（%）
A	CEO	出钱 + 出力	30	30
B	COO	出钱 + 出力	10	10
C	投资人	出钱不出力	60	60
合计			100	100

但是这就很有问题。因为操盘手 A 和运营团队 B 既出钱又出力，出钱最多的人 C 不参与运营却有控制权。

如何体现人力资本的贡献价值？如表 2-2 所示，可以给到一个体现人才与技术的价值，也就是出钱的占比只有 40%，但人力股占 60%，人力股分三年解锁，这样充分体现了人力股的价值。

表 2-2　资金股 40%+ 人力股 60% 的分配比例

股东	定位	参与方式	投资额（万元）	占股比例（%）	资金股 40%	人力股 60%	三年后占股
A	CEO	出钱 + 出力	30	30	30%×40%=12%	36%	12%+36%=48%
B	COO	出钱 + 出力	10	10	10%×40%=4%	24%	4%+24%=28%
C	投资人	出钱不出力	60	60	60%×40%=24%	0	24%
合计			100	100	40%	60%	100%

当然，出钱最多的股东 C 可能不乐意了，我出钱最多，但风险最大啊！如表 2-3 所示进行分红权分配，可以让他先获得一些分红，这样就比较平衡，符合他要求分红的利益。

表 2-3　前三年的分红权分配

	解锁时间	股东 A	股东 B	股东 C	合计
	资金股持股比例	12%	4%	24%	40%
分红权	第 1 年年末	12%+12%=24%	4%+8%=12%	64%	100%
	第 2 年年末	12%+24%=36%	4%+16%=20%	44%	100%
	第 3 年年末	12%+36%=48%	4%+24%=28%	24%	100%

4. 创业者如何用技术来出资

科学家创业时代，硬科技行业现在很受投资人欢迎。技术型人才想要占大股，结果这个技术却无法产品化、市场应用化，打不开销路。

经常有人说："我们一起干，你技术入股，将来一起做大做强！"技术往往权属不清晰，经营无效益，评估有水分，转移产权不到位。如何避免这样的风险发生？

第一点，对核心技术的处置要经过技术出资人的同意，可为其在有关核心技术的处置上设置一票否决权。

第二点，对技术做尽调，要求出资人做出承诺与担保。如果出现与承诺不一致，技术出资股东要承担相应的违约责任。

第三点，要考虑技术为公司带来的收益，确定大概的收益范围，参考把技术授权他人使用时的费用作为参考价。

第四点，你要判断技术持有者是不是优秀的复合型人才，这种极其难得，成功概率会高很多。

第五点，不能事先判定这种技术到底能否商业化，也咨询了专家，也评估过，最终可能花高价钱买到了，却带不来利润的技术成果。有时候最先进的技术反而死亡率较高，是因为商业化应用的教育时间成本很高。

第六点，事先界定明确技术能转化的成果，按里程碑和贡献值来成熟股权，开发的时间节点要量化。如果转化不成，要确定好多久可以收回股权。

第七点，一定要跟技术出资人签订相关保密协议。

5. 创业者如何用资源来出资

资源包括企业商号、客户资源、市场渠道、官方背景等。很多创业者都遇到过：有人冒充政府领导，承诺能够获得特殊批文或销售渠道，帮助站台或发布信息；有的是利用媒体资源帮你做推广，实际一分钱也不会投，但是却要你 30% 的股权；还有以策划包装服务作为投资的，动不动就说值几百万元，来要你的股权。

这些打着资源投资的旗号，做着"魔鬼生意"的人很多。

在股东协议、公司章程等文件中应对创业资源入股予以明确，如增加 100 个关联客户持股比例提升 1%，App 用户一个 20 元。

- 确定资源以公司对接专业顾问的形式，还是让公司成交批量的服务用户形式，也可以收用户服务费的方式来确认。

- 以资源在公司发展中的权重大小，来判断是否是最核心的资源，可以参考竞争对手是怎么做的，来确认资源的估值。

- 根据公司不同发展阶段，对资源需求度的大小来逐步兑现调整，也就是说不能一步到位，要根据价值来动态调整。

- 不管对方说得多神奇，你要问清楚到底是什么资源，列出表来讨论对企业或项目是否真的有价值，要么是现金，要么能转化成现金，否则说再多也没用。

- 如果是资源对接活动，前期一定要界定对方的责任，否则后面很麻烦。

- 如果资源兑现完毕，所谓投资人可按实际价值重新计股权比例，或者股东退出，以一元或零元进行回购。

特别要注意的事项：防人之心不可无，一定要白纸黑字写协议。

6. 不同阶段创始人持有股权的比例

我们都知道，创始人最好对公司一直有实际控制权，这样有利于公司的发展，但在不同阶段，他持有股权的比例是会不断发生变化的，具体有以下这些阶段的变化。

（1）初创期：创始人占 67% 以上，掌握企业的绝对控制权。

（2）发展期：创始人占 51% 以上，掌握企业的相对控制权。

（3）扩张期：创始人占 34% 以上，掌握企业的一票否决权。

（4）成熟期：完善治理结构，建立约束性条款，保障创始人的控制权。

上面的比例也是比较理想化的，如果刚开始就有几个合伙人，是很难掌握上面说的控制线，因为谁都不愿意占小股，创始人就要跟几个合伙人签订股权委托协议或相应的权利约束性条款，如一致行动人协议，采用成立有限合伙持股平台，回购部分股份等方式，保障自己作为创始人的控制权。

7. 出资形式决定合伙的深浅

出资越多，付出越多，合伙人对公司用心程度和深浅程度就越深。主要有以下四种出资形式。

形式一：现金出资。这是最靠谱、最常见的形式，体现了对公司的高度认可，愿意与公司同甘共苦，成果共享。有的以年终奖甚至申请贷款来出资，这都是难能可贵的。

形式二：实物出资。比如房屋、机器设备、厂房等，要对实物的价值做评估，依法办理财产权的转移手续和涉税处理。

形式三：无形资产出资。比如一些专利技术，要对公司实际经营起重要作用，能产生一定收益的资产，也要经过评估和所有权转移两个程序。可通过收益法评估，让无形资产的所有权由股东变更为公司。

形式四：持股出资。也就是合伙人以他自己公司的股票作为出资形式，来持有目标公司一定数量的股票，不需要支付大量现金。

8. 创始人股权比例计算的标准

企业初创时期，在计算创始人股权比例时，应注意以下几个标准。

- 提出创意并获得执行的可以得 10% 的股权。注意，不是空想的点子，一定是要执行落地的。
- 组建团队者可以额外获得 5% 的股权，创始人召集团队，作为团队组建者分 5%。
- 创始人是 CEO 的，创始人可以额外获得 5% 的股权。
- 让公司发展从 0 到 1，可以额外增加 5%~20% 的股权。比如，建立良好的市场形象或者申请了技术专利，可以额外获得 5%~20% 的股权。
- 创始人的信誉资产可增加 5%~20%，该领域的专家、有很好的信誉背书，在资本市场有竞争力的，具体比例由信誉大小来决定。

现金越早投入公司，获得的股权比例越高，因为创业初期的资金非常珍贵，所以这样才有勇气与公司一起成长。

【小结】

太多创业者认为自己创办项目时没花多少钱，所以股权也不值什么钱，而一旦项目发展获得资本的认可，可能自己的股权会被不断稀释，自己辛苦创办的项目可能会被别人接盘，心有不甘。所以，当有合伙人带着场地、资源、专利、资金、人力要参与公司时，一定要细化进入机制，切不可掉以轻心，在喝茶或酒桌上轻易就把股权给分了，后悔莫及。

合伙人股权比例分配要考虑哪些因素？预留股权后，剩余的基本上是合伙人可分配的股权，分配比例要考虑的因素有以下五点。

• 如果只有部分合伙人出资，应取得比没有出资的合伙人相对多的股权。

• 项目CEO取得相对多的股权，毕竟他是合伙事业的灵魂，给他多一些股权有利于项目的决策与执行。

• 有些项目主要依赖于专利技术，有些需要创意，有些项目产品不具有绝对优势，推广更重要，相应资源提供者都要占有相对多的股权。

• 项目在启动、测试、推出各个阶段，各个合伙人的作用是不同的，要动态进行设置。

• 股权设置要有明显的梯次，如三个合伙人，最好是7∶2∶1或者6∶3∶1。

总之，股东可分为资金型、资源型、技术型、顾问型、管理型五类，他们的分配股权是不一样的，如表2-4所示。

表2-4　不同类型股东的进入分配机制

股东类型	进入准则	备注
资金型股东	溢价进入	可分少量股份，但年底分红时可优先保障这类股东收回投资成本

续表

股东类型	进入准则	备注
资源型股东	量化进入	要按转化周期递进分配，前期是分红股，按转化给予提成或分红，后期通过业绩、参与贡献度来让他出资成为实名股东
技术型股东	量化进入	刚开始可给顾问费用，若全职来上班，可按年限设计浮动股权或分红权
顾问型股东	考核进入	按时间投入、知识价值进行考核
管理型股东	全职进入	长期全职可获得股权

2.2　如何设计好股权成熟机制

【小案例】

深圳大学有个张云路老师，利用业余时间，与同学们一起创办了一个生物医疗的项目。由于当时有一个医药销售公司的老总李青想加入这个团队，但又离不开原单位的高薪待遇，所以跟张老师说自己打算拿资源来入股，他与很多的医院、医疗专家等都有很好的关系，但是需要张老师分给他 20% 的股权。张老师刚开始有点犹豫，但是后来他跟李总去几家医院见院长，发现他确实有不错的人际关系渠道，而自己项目的销售对这些渠道很依赖。

于是，张老师就跟李总去工商局变更了股权。李总也时不时引进各种资源让张老师去对接。虽然没有合作成功，但也看出来李总的人际关系是不错的。

后面有投资机构跟张老师交流，说这位李总的占股太高了，而且没有全职来参与公司的营销。事实上，张老师想融资1000万元，让投资公司也占股20%，那等于是说李总的股权价值1000万元了。这时候张老师才发现当初轻率地变更股权，是有点马虎了。

李总只是说他的资源很厉害，但一年多了也没见真正跟张老师的公司做成业务，也就是说人际关系只是在口头上承诺可以合作，没有真正有业绩成果。投资公司建议让这位李总退出股权，但是李总不干了，他说前期也付出很多，该见的人都见了，如果要让他退出，必须赔偿他至少100万元，张老师这时才知道后悔了，不该这样轻易就兑现股权并且实名变更。

【全拆解】

上面的案例中，就是张老师随便让有资源的李总兑现了股权，而没有设定成熟机制，所以不要随便给资源顾问股权。

创始人可能有个误解，就是要找投资公司去谈融资时，公司股权必须是固定完整的。初创企业找合伙人本身就存在巨大的不确定性，即使工商注册了，也要采用动态股权机制。

首先，刚开始可以设置持股平台，把一些核心员工、外部顾问或其他资源型人才的股份放在持股平台，不要直接注册到公司股权架构下，这样股权不会太乱。

其次，刚开始肯定分配有些不公平，但可以采取动态的方式进行调整和完善，相应的人只有达到一定的贡献值，才能按里程碑兑现相应的股份。

最后，几个坑千万别踩：将未来的期望作为依据来分配股权，一个高人说了下建议就获得10%的股权，想一开始就固定股权不变动，提出创业项目想法的人和最终实际管理核心并不是同一个人。

动态股权设置机制就是按贡献值，达到里程碑就兑现，可进可退、公平公正，每个提供资源的人都可折算价值，有回购机制，这其中有计算模型。

1. 如何设定股权成熟的条件

可采用动态股权兑现，也就是股权在约定条件内逐步成熟，未成熟就不兑现，详见表 2-5。

表 2-5　股权成熟条件与兑现标准

股权成熟条件	股权成熟标准
按工作时间	约定四年，每做满一年成熟 25% 股权
按项目进度	产品设计、研发样品、上市、无缺陷
按融资进度和额度	A、B、C 轮或融资额度
按项目业绩	达到目标可一次性或分期兑现

一是按工作时间来设置股权成熟条件，如约定四年，每年成熟 25% 股权。也可以第一年成熟 10% 股权，第二年成熟 20% 股权，第三年成熟 30% 股权，第四年成熟 40% 股权。

二是按项目进度来设置股权成熟条件，如完成产品设计成熟 10% 股权，完成研发做出样品成熟 20% 股权，产品上市成熟 30% 股权，产品无缺陷可成熟 40% 股权。

三是按融资进度来设置成熟条件，A 轮成熟 40% 股权，B 轮成熟 30% 股权，C 轮成熟 30% 股权。也可按融资额度来设置成熟条件，融 1 000 万元则成熟 40% 股权，融 3 000 万元则成熟 30% 股权，融 5 000 万元则成熟 30% 股权。

四是按项目业绩设置成熟条件，事先确定持股人的业绩目标，当考核达到目标时，股权可以一次性或分期兑现。

2. 创业项目的初始股权比例会变化吗

股权会随着业绩贡献、时间投入、知识产权发生变化而变化。这些都是股权发生变化的具体因素。主要表现在以下四个方面。

首先，综合考量的贡献价值包括股东的时间投入、资金投入、人际关系资源、知识产权、不同岗位性质、做出的实绩。稀缺性越高，股权的价值越高，股权的比例越大。

其次，变更股权的方式，可以内部约定股东分红、表决权等动态变化时，以定期增发、股份认购、持股平台等方式来实现，避免经常要到工商局变更。

再次，如互联网产品，刚开始技术部可拿20%股权，运营推广只拿2%股权，但到了后期，技术重要性降低，运营推广的股权比例要调高。不在同节点完成时，要把承诺给相应团队的股权兑现到位。

最后，任何股东在中途退出，要有退出机制，让股权收放自如。一定要提前签好合法化的合同，修改公司章程，在工商局注册，当然涉及过户、财务核算、配套的法律和工商执行方案，尽量做到节省不必要的费用。

3. 合伙人不可靠如何补救

不少情况是发小、同学、哥们加入合伙人，当时股权、钱、任务都没弄清楚就开始创业，结果肯定不是很理想。面对种种不可靠的合伙人，创始人怎样来补救呢？

- 合伙人不给力、不作为，怎么办？

最好的解决之道是刚开始就进行明确的分工，划分双方的职责和义务，考核标准和奖惩方式一定要白纸黑字写清楚，包括股权要设定为动态股权，到了设定的贡献值和里程碑再兑现。

- 合伙人只出技术不出钱，怎么办？

你可以借钱给他，或由其他股东先帮他垫付，等赚钱分红时让他先还账。如果这样他还不乐意，那只能说明没钱是一种借口，他缺乏合作的诚意，建议不要拉这类人合伙。

- 大股东被小股东一起"绑架"了，怎么办？

记住，千万不要平分股权。两人合伙可以按 70%：30% 或 80%：20% 或 51%：49% 来分配股权；三人合伙可以按 70%：20%：10% 或 60%：30%：10% 来分配股权；四人合伙可以按 40%：25%：20%：15% 或 35%：29%：20%：16% 来分配股权。而且一定要有股东会、董事会、监事会、经理层的治理机构。

- 合伙人中途退出，怎么办？

股权兑现要与服务期限挂钩，中途退出可溢价回购，不同意公司回购股权，可在协议中设定高额违约金的条款。

4. 这五类人尽量不要分配股权

不是所有的人都要分配股权。下面总结了尽量不要分配股权的五类人。

一是无法持续提供资源的人，如提供文化、旅游和交通、电信运营等行政资源的，没有太多价值，公司可聘请这样的顾问参与公司。

二是没有投钱的兼职者不能成为合伙人，更不能参与股权分配。

三是临时性的专家顾问，没有发挥作用，但是占有不少股权的，后患无穷。

四是早期员工给不起高工资，给他们股权反而适得其反，起不到作用。

五是发展理念不同或不能长期坚持的人，合伙就一定要理念、目标和追求都相同。如果是互联网公司，创意或执行力比出资比例更重要。

【小结】

股权进入后，一定要设定股权的成熟机制，不要轻易做实名变更。要根据提供者参与项目的工作时间、项目进度、融资进度及额度、业绩来分阶段成熟并兑现股权。不要一上来就直接达到成熟，这样会导致后面的退出很难，严重的会对公司的发展和融资造成致命伤害。

2.3 如何设计好股权退出机制

【小案例】

谢永祥之前在一家电子公司上班，职业到了瓶颈期。他看到有一个创业项目，因为前期项目合伙人都比较缺钱，于是就出资10万元，获得了这个项目30%的股权。后来，他发现项目没有太多发展，就没有继续在这家创业公司上班，直接就退出了。

离职后，谢永祥坚决不同意退股，他的理由是《中华人民共和国公司法》没有规定离职股东就必须退股，且公司章程中也没有这样的约定，股东之间更没有签订相应的协议，他不仅出过钱，而且参与了创业前期的关键工作。

但是其他合伙人认为，如果谢永祥不退出股权，既不公平也不合情合理，但是由于没有事先约定好合伙人的股权退出机制，导致大家对合法回购退出合伙人的股权都束手无策。

【全拆解】

合伙人早期拼凑的少量资金，并不是合伙人所持有大量股权的真实价格。所以在创业初期，资金股和人力股要分开，资金股占小头，人力股占大头。如果合伙人离职，资金股和已成熟的人力股，离职合伙人可以兑现，但未成熟的人力股应当被回购。上面谢永祥的例子，就是其他合伙人对此没有正确的认知，刚开始大家都觉得谈利益就伤感情，其实要提前就把退出机制约定好。如果其他合伙人刚开始就约定"离职不交出股权的行为，为避免司法执行的不确定性，约定离职不退股，要赔高额的违约金"。这样上面的案例就很好处理了。

对于合伙人的退出，要肯定合伙人曾经为企业发展做出过的历史贡献，并按照一定的溢价或折价来回购股权。回购价格的确定，要考虑退出价格基数和溢价或折价倍数，可考虑按合伙人掏钱买股权价格的一定溢价来回购股权，也可按分配公司净资产或净利润的一定溢价来回购。

1. 股权退出有哪四种场景

股权退出常见有以下四种场景，如表 2-6 所示。

表 2-6　股权退出的四种场景

退出类型	适用情形	采取措施
除名退出	违反公司规定或法规	无偿收回股权，不发红利
自然退出	死亡、退休、突发	原价回购，不发红利
附期限退出	约定期满主动辞职	按现价回购
附条件退出	融资成功或营收达标	按事先约定标准办理退出

（1）除名退出，主要是违反公司规定或其他法律法规，一旦出现这些情况，公司有权取消股东身份，无偿收回股权，不再发放当年红利。

（2）自然退出，如失去劳动力、死亡、退休、不能胜任或其他突发事件的，公司以原认购价回购其股权，不再发放当年红利。

（3）附期限退出，如约定满 10 年后主动辞职，公司回购其持有的股权，回购价格按现价回购。

（4）附条件退出，如股东无过错，但约定 A 轮融资或公司营收达到几亿元后就离职，当这些条件满足时，公司可按事先约定的退出方式和条件与股东一起办理退出手续。

2. 股份回购退出的优缺点

不少创业者在商业计划书中对退出方式提到了股份回购。但是你知道股份回购有哪些优缺点吗？如表 2-7 所示。

表 2-7　股份回购的优点和缺点

序号	优　点	缺　点
1	交易简单	投资公司错失好机会
2	投资提前退出	存在变现风险
3	投资公司风险小	要符合相关法规

- 股票回购优点有以下三个。

（1）交易简单。产权交易过程简单，管理层用现金或票据的形式从投资公司赎回股份即可。

（2）投资提前退出。投资公司看到企业发展慢，提前保障了自己的利益。

（3）投资公司风险小。投资公司以较小的风险顺利退出，进行其他投资。

- 股票回购的缺点有以下三个。

（1）投资公司错失好机会。投资公司可能没发现企业的潜力，错失大好的机会。

（2）存在变现风险。长期应付票据等非现金结算，存在变现的风险问题。

（3）要符合法规。要符合公司法有关股权结构、股份减持和资产权益的规定。

3. 股权退出有哪些注意事项

股权架构设计主要有股权进入、股权成熟、股权退出三个方面。其中股权退出要注意五个重要事项，如图 2-4 所示。

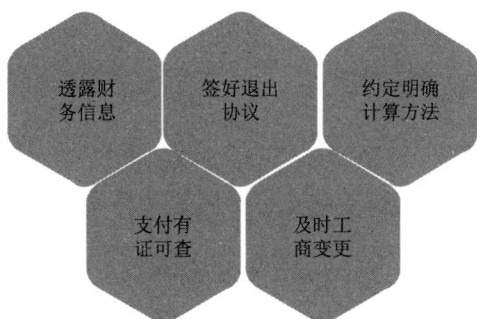

图 2-4　股权退出的五个重要事项

（1）透露财务信息。做好股东对股权价值的预期管理，适合跟持股人透露的信息是财务报表中列示的股东权益数字，以及最近融资的价格。

（2）签好退出协议。事先签好股权退出条款，包括退出的情形、退出方式、价格、违约责任，写入期权授予协议和股权转让协议中。

（3）约定明确计算方法。最好在退出法律文件中约定明确的计算方法或具体数额，以便在发生争议时能够快速确定责任。

（4）支付有证可查。对股权退出的款项支付要有明确的证据，保证可以查询。

（5）及时工商变更。及时完成工商登记变更手续，好聚好散对双方都是共赢的事。

4. 我如果离职了，期权还有用吗

很多人认为期权就是一个无用的概念。如果离职了，期权该如何处理呢？期权在处理时主要有以下三点注意事项，如图 2-5 所示。

图 2-5　处理期权的三点注意事项

（1）与公司协商处理。离职时持有的期权不可以内部交易、自行卖给其他人，只能与公司协商处理，防止内部流通后产生很多负面影响。

（2）成熟期权减去行权成本。离职时已成熟的期权，可由公司按公允价值减去行权成本后的余额，支付给离职员工，以体现对他在职期间的认可与尊重。

（3）设成熟期权离职无偿收回。离职时还没有成熟的期权，由公司无偿收回，因为这部分期权本来员工没有付出人力资本对价，不应该享有期权。可在给员工授予期权的协议中约定，期权没成熟就离职，自动触发无偿回售条件，公司和员工双方都认可，以降低后续处理的成本与风险。

5. 公司回购股权按什么价格来定

如果有人离开了公司，由公司统一回购股权，可以进入公司期权池作为后面的激励，也可办减资、注销。一般采用进入期权池较多。

公司回购价格可参考的标准有以下四条，如图 2-6 所示。

图 2-6　公司回购价格可参考的四条标准

（1）计算利息。初始出资金额加持股期间按一定利率来计算利息，如两倍。

（2）出资额 + 利润。初始出资金额加一定数额的未分配利润。

（3）净资产或融资估值。退出时公司的每股净资产价格，或者公司最近一次股权融资的价格。

（4）净资产或融资估值折扣或溢价。按以上净资产或融资估值的折扣（1/10 或 1/3）进行回购或溢价。

离职股权可转给在职股东或公司确定的意向受让方。大股东接盘也很常见。

6. 明确约定好股权退出的方式

事先约定好股权退出的机制（见图 2-7），能有效减少沟通成本，避免股权纠纷的发生。即使发生纠纷，也可通过法律手段来解决。

图 2-7　明确约定好股权退出的方式

（1）分批授予与成熟。联合创始人可分批授予、分批成熟，如四年成熟。如果其离开公司，应提前约定回购义务，可由其他股东收购，或由公司回购。

（2）离职收回。员工在岗是持股的前提，若不在公司了则被收回，离开可由公司或大股东收回，如按净资产、最新一轮融资价格。股权激励按制度来定。

（3）对赌达不到。有的投资人跟创业者对赌要在一定期限内 IPO 上市，如果达不到，则按事先约定的利率将本金及利息返还投资人。若公司无力完成返还义务，则原有股东有连带责任。摩根士丹利出售南孚电池就是这样的案例。

7. 如何设定合伙人股权退出机制

合伙人进退机制决定了合伙人创办公司的成功概率，好的股权退出机制要这样来设计，具体要求如下。

（1）股权与服务期限挂钩，服务一定年限后，创始人把股权给予合伙人。

（2）持股合伙人如果中途退出，可按约定方式进行回购，可按当时公司估值时进行溢价回购。

（3）为防止合伙人退出公司时不愿意公司回购股权，可设定高额违约金。

（4）持股合伙人如果离婚，约定其配偶可得到一定的经济利益，但不具有主张公司事务的任何权利。

（5）持股合伙人犯罪，被追究刑事责任的，要强制其退出，未成熟的股权由其他合伙人溢价或折价回购。

（6）持股合伙人去世，继承人只继承股权财产，不继承股东权利。

【小结】

合伙之初就要把退出机制约定好，白纸黑字地签字画押。要按照动态的股权回购价款的计算方式来保障价格的动态性。应当约定最低回购价款，在此基础上根据公司的净资产变化而相应调整最终的股权回购价款，要按哪个更低的原则来确定回购价格。比如，根据股东入股原价、公司净资产、公司估值等多个价格参数以最低的价格确定相应的回购价格。基本的退出价格就是除去该股东获取公司分红的部分，并要求其承担相应的赔偿责任，如表2-8所示。

表2-8　股权退出价格及回购主体

需要退出的情况	参考结算价格	回购主体
正常退出 （合同到期）	原价＋利息	持股平台、 大股东
非正常退出 （被开除）	原价， 按损失追究责任和赔偿	持股平台、 大股东
半途退出 （中途离开）	原价	持股平台、 大股东
特殊退出 （因公负伤）	原价＋近三年最高回报率	持股平台、 大股东
因工作调入， 成为将被激励的对象	按照考核标准授予价格	持股平台、 大股东

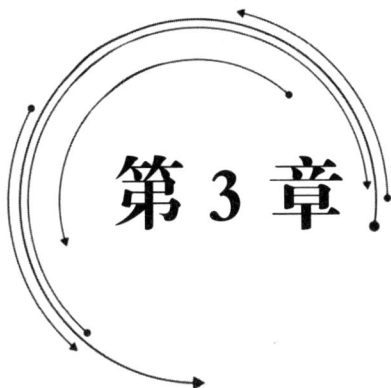

第 3 章

股权架构的顶层设计

如果把创业比喻成盖一栋大厦，股权架构的顶层设计就相当于画蓝图和打地基。如果地基不稳，一切将会前功尽弃。顶层设计包括动态股权设计、公司管理架构与持股平台的选择、上市并购的规划等，需要从战略高度来进行系统筹划。

3.1　如何设计好股权架构和分配机制

【小案例】

王武和朱校是大学同学，又住在一个宿舍，在学校就是活跃分子，经常参加各种公开的社团活动，在学校的创业大赛中也一起合作获得过冠军。他们天生是好拍档，毕业后一起创办了一家互联网公司，兄弟俩一个负责技术，另一个负责销售，合作得很好。

在创业项目启动的酒桌上，哥俩就把股权也划分了，很公平地各占50%，说好一起打天下、开创新天地！在经营的过程中，他们发现缺一个运营的岗位，这都是他俩不擅长的，于是通过有 BAT 人力资源背景的朋友招了一个运营高手董聪聪。除了给薪资外，还准备给董聪聪分一些股份，王武和朱校一商量，每个人稀释 1% 给董聪聪，毕竟他没有投入什么资金，这样股权结构就是王武、朱校、董聪聪分别占股 49%：49%：2%。

随着公司的发展，每当王武和朱校在经营思想和未来发展上出现对立需要表决时，反而占股 2% 的董聪聪成为两名大股东拉拢的对象。因为董聪聪只要与任何一个大股东形成共识，那么占股就是 51% 了，这样一来董聪聪反而在公司有很大的话语权，他实名注册的股份还不能轻易退出。这下子两个大股东有点傻眼了，没想到自己作为大股东还受制于这个只占 2% 的小小股东，在很多问题上，两个大股东还不能按照自己的意愿去做事，还得听任董聪聪的心情与脸色。

【全拆解】

上面的案例中，王武和朱校刚开始按 50%∶50% 的比例分配股权，这本身就是一个硬伤。太多的经典案例，如真功夫的失败是因为股权平分。后面给外来员工 2% 的股权，反而让两个大股东没有了自主决策权，是不是很可笑？那么，到底什么是好的股权结构呢？

3.1.1　什么是好的股权结构

股权架构设计以目标为导向，要解决谁投资、谁负责、谁执行、谁获益的问题。企业与投资人要建立稳定的、默契的股权合作模式，企业才能创造更高价值回报。

要维护创始人和团队的控制权，就要防止各类夺权的情况发生，把潜在的危险进行规避。只有企业稳定了，个人和团队才会受益。企业的价值越高，高管受益越大，高管就会努力提升企业价值，让自己受益更多，这样才能保障工作的高效率。

如果企业发展成某行业的独角兽，持股的人就可能实现梦寐以求的财务自由，当给予员工这样的愿景时，员工一定会加油干，共同创造属于自己的财富。

万丈高楼平地起，创业的股权结构就是打好地基，一定要提前规划好，创业者要注意以下标准值。

（1）要有一个精神领袖，创始人必须占大股，投资人投了大钱但占小股。

（2）团队成员之间能力是互补的，要能产生化学反应，彼此的资源可以整合，如果团队中全是关羽、张飞、赵子龙之流，而没有诸葛亮和刘备之类，这个团队就缺少了智囊和发展动力。

（3）合伙人之间要充满默契，成员间只需一个眼神和动作，彼此的内心就能被点燃，如任正非和孙亚芳、张瑞敏和杨绵绵，都源自高度信任。

（4）一旦合伙人跟不上公司的发展，或者要离职怎么办？提前把退出机制约定好，股权回购或者违约金要设定好。

1. 合伙人股权结构不合理的常见原因

很多创业者对于股权设计提前没有重视，也不太懂得如何设计股权结构，导致后面创业过程中失败的概率高出很多。这些常见原因包括以下情况。

（1）创始人一股独大，如占股 90% 以上，不愿意分享给其他合伙人。

（2）平均分配股权，不管是两人、三人还是四人合伙，都不要平均分。

（3）小股东反而成为砝码，如三人分别占 49%、47% 和 4%，占 4% 的小股东反而成为其他两个人拉拢的对象，如果他与占股 47% 的站在一起，4%+47% 总共就占股 51%、超过 49%，这样他就起到了决定性作用。

（4）按投入钱的多少来确定股权比例是不对的，现在越来越重视人力资本价值，不能完全按钱的多少来确定股权比例。

（5）给一些兼职的股东分配股权也是错的，这样全职创业的股东肯定觉得不公平，创业一定要全职去做。

（6）轻易分一些股权给资源提供者，结果却发现资源没有给公司带来实际价值，甚至造成对公司的影响。

（7）没有预留 15%~20% 的股权作为期权池，后续无法吸引优秀人才的加入。

（8）自然人股东太多，决策很难做到高效、快捷，建议采取有限合伙持股平台。

2. 股权如何设计才合理

在设计股权时，要注意主体的合规性、稳定的控制权和商业逻辑的需要。下面这些设计能保证股权的合理性，如图 3-1 所示。

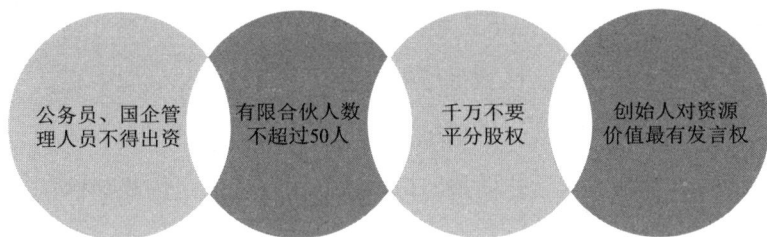

图 3-1　设计股权的合理性

（1）公务员、国企管理人员不得出资。根据《中华人民共和国公务员法》规定，不要让公务员、国企管理人员等作为出资人。新的资管规定也指出，不要有契约型基金、资管计划、信托计划等作为出资股东。

（2）有限合伙人数不超过 50 人。一般来说，有限公司不超过 50 人，股份公司不超过 200 人，有限合伙的人数也不要超过 50 人。

（3）千万不要平分股权。建议绝对控股 66.7% 以上和消极控股 33.3% 以上，可通过股权代持、一致行动协议实现，千万不要平分股权。

（4）创始人对资源价值最有发言权。不同商业逻辑，对人的价值的认可、对知识、时间和效率的要求是不一样的，而创始人股东最有发言权。

3. 高管在集团统一持股还是分层持股

高管到底是在公司整体层面统一持股，还是在下层公司分层持股好呢？一般来讲，个人推动型的轻资产或沉没成本小的企业，应分层在下层公司做重点持股。

（1）统一持股适合于以下企业：

- 品牌拉动、重资产型的企业；
- 下属单元间看起来是独立运作，但彼此有密切联系，存在较多关联交易；
- 企业在准备上市阶段；
- 企业属于平台型企业。

（2）分层持股适合于以下企业：

- 下属单元按产品、区域等原则划分，下属单元是利润中心；
- 多元化经营的企业，下属单元关联度不高；
- 企业在非资本化运作阶段，以激发各个层面人员的积极性；
- 零售企业。

4. 合伙人股权设计成功的要点

合伙人股权设计是一项战略性规划的工作，需要提前筹划，整体布局，从以下几个方面着手。

- 要与时俱进，合伙人时代遵守"投大钱，占小股"，不能投钱、拿钱、完事。
- 合伙是一种长期利益，是共创、共担、共享，所以股权分配上不能吃独食，否则公司注定做不大。
- 投资人掌握股权不是越多越好，如果投资人占60%以上的股权，则创业团队没有继续拼搏的动力，最终会导致公司越做越小。
- 控股才能控制局面。随着多轮融资，股权不断被稀释，所以要采取投票权委托、一致行动人协议、有限合伙、AB股计划等方式。
- 限制性股权适用公司合伙人或少数天使员工拿的人力股，期权适用于员工。
- 团队成员是否愿意接受股权，表明他们是否看好公司，采取"工资＋股权"的形式，员工会更积极地努力工作。

5. 夫妻股权结构不利于融资

夫妻合伙创业，初创时可以共患难，但一旦企业步入快速发展期，守业期容易出现难共富贵的情况。土豆网因为夫妻离婚纠纷，导致上市步伐暂停。赶集网也因夫妻离婚闹了三年，上市没成功。

夫妻合伙创业有以下几个坏处，如图 3-2 所示。

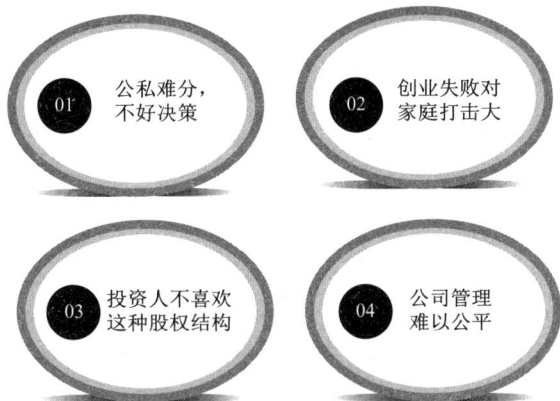

图 3-2　夫妻合伙创业的坏处

（1）公私难分，不好决策。公私难分，不好在重大事件上做决策，不知道听谁的。

（2）创业失败对家庭打击大。创业一旦失败，对家庭经济的打击很大。

（3）投资人不喜欢这种股权结构。投资公司一般不投这样的股权结构。

（4）公司管理难以公平，容易影响夫妻感情。

因此，创业最好不要夫妻俩长期合伙经营，尤其是想走资本市场的。

6. 科学切股权蛋糕的六个实操方法

创业找合伙人或投资，都要分配不同份额的股权，但有的创始人没有分享精神和大格局，总想独占股权，或者不把股权当回事，随意就把控制权也失去了。

以下是科学分配股权的六个实操方法。

方法一：有效分配股权比例。

保证 CEO 有较大的股份比例，让他有绝对的控股权，因为 CEO 是带领团队把项目做成功的保证。其他合伙人要根据其自身优势和贡献度，给予相应的股份比例。要确保股权有明显的梯次感，不要平均分配。不建议给资源承诺者和兼职人员过多的股权。

初创企业刚成立时，全体创始人可以占 80% 的股份，大致可以按下面的比例来做股权分配。

创始人：50%~60%；

联合创始人：20%~30%；

期权池：10%~20%。

方法二：股权架构要清晰。

创始人和联合创始人、投资人一般有 3~4 个人，可以成立一个有限合伙持股平台，投资人、员工激励期权、合伙人都可以放在这个平台上，简化股权结构。

方法三：股东间资源互补，信任合作。

每个股东之间要互相信任，各司其职，利用优势资源为公司作贡献。对于股权可以先设定一个贡献值和里程碑，达到这个里程碑，就可以兑现部分股权，不要一开始就固定好股权比例。

方法四：合理预留股权比例。

刚开始不用做员工股权激励，因为员工更在意涨工资。预留股权比例有助于后续融资，无论是员工股权激励还是新吸收合伙人，这部分股权也要员工付出一定的对价来买，不能白送。

方法五：合理选择股权授予方式。

可以按合作年份授予，如四年分批授予；也可以按项目进度授予；还可以按融资进度来授予；还有按运营业绩来授予。一般给予 COO、CFO、CTO 的股权比例为 3%~5%，分期授予。

方法六：避免极端的股权架构。

一是避免一股独大，一个股东占比 90% 以上的情况。二是避免股权高度分散的情况，如十多个持股人，每个都只占 10%。三是避免均分型，如两人五五开，三人各占 1/3。

总之,要尽早意识到股权结构合理设计的重要性,参考以上的设计原则,结合自身实际情况,从企业长远发展角度,设计最适合自身发展的股权架构模式。

3.1.2　股权分配的经典比例

股东出资比例和表决权不一定都要对应。经股东合议写入公司章程后,原则上可以做到同股不同权。

一般来说,有关增减资、合并分立解散、修改章程、变更公司的表决,需要超过 2/3 表决权的股东支持才能得以通过。因此,在分配股权时应考虑到这一点。

当公司章程和股东协议记载不一致时,对外以公司章程为准,对内以股东协议为准。创始人对核心团队让渡表决权和分红权时,不仅考验胸怀,更考验智慧。

不能只看重股东会的表决权,却忽略董事会的相关权利,这样会丧失对公司的实际经营控制权。有的股东会通过放弃在股东会的一票否决权,来换取对公司执行和财务的实际控制权。

股权设计的基本原则是:要有一个绝对占大股的领头人做决策,带领大家一起创业,团队最好能相互补充,如产品、营销、管理各司其职,然后留出 15% 的期权池,以便于后面招聘高端人才时分配给他们。

结构如下:单一大股东 + 互补、整齐、高素质的核心团队 +15% 期权池 = 合理的初始治理结构

这样能够保持有核心带头人,有高效的团队合作,还有机会引进更好的人才。

下面来具体分析两个人、三个人、四个人、五个人合伙在股权分配中有哪些误区,以及如何解决问题。

1. 两人合伙股权分配的误区和解决方案

大家都知道，按 50% ∶ 50% 的平均分配股权，肯定是不好的方案。另外，以下这两种误区也要避免。

误区一：股权分配比例 99% ∶ 1%。

这相当于大股东吃独食，二股东肯定觉得自己累死累活，才分得 1%，不值得奋斗。因此，大股东要有大格局和分享精神，一起把公司做大，大家分得的钱才会越来越多。

误区二：股权分配比例 65% ∶ 35%。

按照这种股权结构，二股东拥有一票否决权，有可能一票否定公司的一些决定。因此，这种结构可能导致团队解散、公司关闭。

那么，合理的解决方案有哪些呢?

• 股权分配比例 70% ∶ 30%，在这样的股权结构下，谁是老大是清晰的，二股东也不能使用一票否决权。

• 股权分配比例 80% ∶ 20%，在这样的股权结构下，老大也是可以明确的，还可以预留一部分给期权池。

• 股权分配比例 51% ∶ 49%，一大一小，还算合理。

• 股权分配比例 75% ∶ 25%，这样也还行。

2. 三人合伙股权分配的误区和解决方案

三人平分，各占 1/3，也就是每个股东占 33.3% 的股权，这种肯定是不行的。另外，还有几种常见股权分配误区。

误区一：股权分配比例 49% ∶ 47% ∶ 4%。

因为其他股东与 4% 的股东联合起来，就分别是 53% 和 51%，超过 1/2，大股东的控制权就失去了。

误区二：股权分配比例 48% ∶ 47% ∶ 5%。

这种股权结构，大股东的决策功能差，只要另外两个股东联合起来就能超过 51%。

误区三：股权分配比例 45%：45%：10%。

在这种股权结构下，有可能创始人到后面就出局了。

误区四：股权分配比例 40%：30%：30%。

在这种股权结构下，创始人很危险。如果另外两个股东联合做增资扩股，创始人很可能出局。

误区五：股权分配比例 40%：40%：20%。

在这种股权结构下，占股 20% 的股东就很危险。

误区六：股权分配比例 95%：3%：2%。

这就是典型的单打独斗结构，不利于企业发展。

那么，合理的解决方案有哪些呢？下面两种分配形式值得参考。

合理方案一：70%：20%：10%。

合理方案二：60%：30%：10%。

这样的股权结构，能让大股东清晰，并且能够快速决策。

3. 四人合伙股权分配的误区和解决方案

不用说，四个人平分，每人各占 25% 这样的股权分配结构肯定不行。另外，还有以下这几种也不行。

误区一：股权分配比例 97%：1%：1%：1%。

典型的大股东吃独食，不懂得资本股与人力股的区别。

误区二：股权分配比例 94%：3%：2%：1%。

这种股权结构也是大股东吃独食，基本招不到真正的合伙人。

误区三：股权分配比例 35%：29%：18%：18%。

这种股权结构的特点是博弈性，几个合伙人联合起来对付大股东，就比较麻烦。

科学的解决方案有以下几种。

- 60% ∶ 25% ∶ 10% ∶ 5%。

在这种股权结构下，由老大领头。

- 50% ∶ 30% ∶ 10% ∶ 10%。

这种股权结构可以保持一定的平衡性。

- 40% ∶ 25% ∶ 20% ∶ 15%。

在这种股权结构下，具有相对的结构稳定性。

- 35% ∶ 29% ∶ 20% ∶ 16%。

这种股权结构可以平衡多方利益。

4. 五人合伙股权分配的误区和解决方案

五个人合伙，股权分配要避免以下这样的情况。

误区一：老大独大不行，1 > 2+3+4+5。四个股东都顶不过一个大股东。比如，90% ∶ 4% ∶ 3% ∶ 2% ∶ 1%，在这种股权结构下，大股东独占利益。

误区二：决策僵局也不行，1 < 2+3+4+5。因为另外四个人的股权加起来是超过占股最多的人，导致他说话不算，没有决策权。

那么，合理的解决方案有哪些呢？

合理的分配的原则是：保障创始人拥有超过34%的股权，具有一票否决权，在这种股权结构下，既保证创始人话语权，又有效防范风险。

此外，对于多人合伙的情况，有个4321原则：

大股东、发起人、创始人及带头人等合伙人股权比例总和占40%；

其他联合合伙人股权比例总和占30%；

两个股东不参与管理，股权比例总和占20%；

10%股权用于预留和股权激励。

这里将以上经验做个总结，得出几个合伙人创业分配股权的原则如表3-1所示。

表 3-1　2、3、4、5 个合伙人股权划分的原则

股东数量	划分原则	应避免的划分方案	合理的分配方案
2 名合伙人	避免均分老大要清晰	50%：50%（股权平分） 65%：35%（博弈型，小股东可一票否决） 99%：1%（大股东吃独食）	70%：30%（老大清晰） 80%：20%（老大清晰） 51%：49%（一大一小）
3 名合伙人	1＞2+3大股东比例大于二、三股东之和	33.3%：33.3%：33.3%（均分）95%：3%：2%（单打独斗） 40%：40%：20%（三股东危险）40%：30%：30%（创始人危险）45%：45%：10%（创始人出局） 48%：47%：5%（创始人决策功能差）	70%：20%：10%（老大清晰，能够快速决策） 60%：30%：10%（老大清晰，能够快速决策）
4 名合伙人	2+3+4＞1	35%：18%：18%：29%（博弈） 25%：25%：25%：25%（平分） 94%：3%：2%：1%（老大独大）	60%：25%：10%：5%（相对有老大领头） 50%：30%：10%：10%（保持一定平衡性） 40%：25%：20%：15%（具有相对的稳定性） 35%：29%：20%：16%（可以平衡多方利益）
5 名合伙人	保证创始人话语权，有效防范风险	1＞2+3+4+5（老大独大） 1＜2+3+4+5（决策僵局） 90%：4%：3%：2%：1%（创始人独占利益）	大股东、发起人、创始人及带头人等合伙人股权在40% 其他联合合伙人股权总和在30% 两个股东不参与管理总和占20% 10%股权做预留和股权激励

3.1.3 动态股权架构调整时的注意事项

我们知道固定的股权结构是不合理的，但是在做动态调整时也要注意以下三点，如图3-3所示，否则将造成不利影响。

图 3-3 动态股权架构调整时的注意事项

（1）67%，51%，33%临界点。股权调整就意味着各方的股权比例的变化，变化太大就可能导致控制权的变更，要注意67%，51%和33%这几个临界点，投资公司要协商好股权调整方式，以免创始人失去控制权。

（2）不要频繁地调整股权。操作不当会给公司增加不必要的内耗，也会增加股东的不安全感，降低股权在股东心中的价值认同，尽可能通过有限合伙持股平台进行间接持股，降低股权管理的难度，减少变更的复杂度。

（3）公平调整。创始股东的价值贡献与所得股权要相对等，员工获得激励股权与他的绩效贡献相对等，外部投资人获得的股权与他投资资本的价值相对等。如果出现不对等，要公平地调整，当然这种对等是相对的。

1. 动态股权分配四个主要要素

绝大多数创业者刚开始采用静态股权分配，也就是固定把每个人的股权比例确定好，以为这样大家就齐心奋斗了，但效果并不是理想中那么好，往往过了一段时间，大家都觉得分配不公平了。现在越来越多的创业者开始采用动态股权分配机制，它是一种变化的股权分配方法。动态股权分配的主要要素包括四个：目标、里程碑、贡献点、贡献值。

（1）目标，以三年为周期，目标可以量化，以终局思维来设计股权结构。

（2）里程碑，相当于 OKR（目标与关键成果法），如完成 500 万元销售额，就分配 10% 的股权。

（3）贡献点，以技术、销售、关系等来设置，如技术岗的"Bug 率（千行代码缺陷率）"，医疗专家岗的"受邀参加全国性专业讲座的次数"。

（4）贡献值，对贡献点进行如实记录，留存相应凭证，达到相应里程碑后，按贡献值所占比例，分配该阶段性目标完成后应分配的股权。

2. 设立期权池的注意事项

企业要进行第一轮融资前，投资公司一般要求创始人提前设计好期权池，设立期权池需要注意以下四点，如图 3-4 所示。

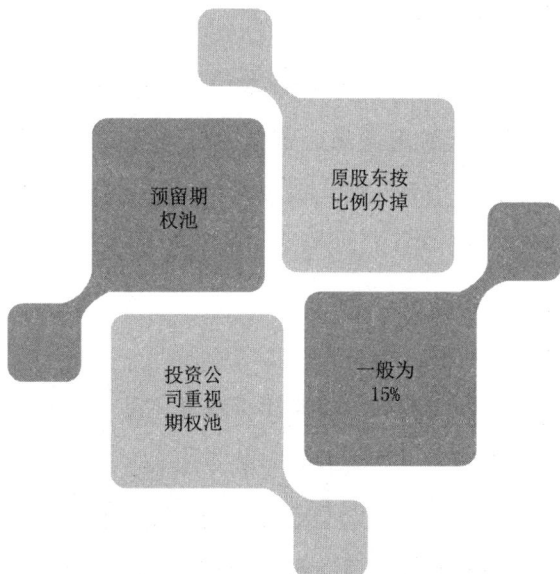

图 3-4 设立期权池的注意事项

（1）一般为 15%。期权池设立一般占总股权的 15% 左右，一种是原股东无偿出让，另一种是增资设立。投资公司一般倾向于增资设立。

（2）预留期权池。关于期权池设立的时间，早了没意义，晚了没诚意。也有一些创业公司会在股权架构设计时就预留期权池，基于投资人和全体股东来共同决策。

（3）原股东按比例分掉。如果公司需要整体出售，期权池一般由原股东按比例分配完，未进行股份稀释的投资人一般不参与分这笔钱。

（4）投资公司重视期权池。投资公司一般会拿期权池来压价。当然也有一些投资公司是从规范企业管理的角度来激励创业团队的。

预留的期权怎么存放？对应的注册资本从哪里来？

一般来说，可以由大股东代持，这样便于股权掌控和将来做股权转让，代持者享有预留股的收益。

也可以成立有限合伙企业来持有预留的股权，有新人或机构进来时，直接进入有限合伙企业中。这样做的优点就是简便，缺点是成本相对偏高。

还可以由几个股东平均代持，但将来要多次进行股权转让，流程烦琐。对于出资，谁代持，谁就出这部分资金。也可按股东各自持股比例划分代持比例，按比例认缴出资。新人进来，将一定比例的股权有偿转让到其名下。

【小结】

无论是两个人还是三个人甚至更多人合伙创业，都要按照科学的方法来进行股权顶层规划，不可随意就把股权分出去。千万不要把初创企业的股权不当回事。一旦要找个人天使融资或向 VC 和 PE 融资时，如果你的股权结构不合理，没有规划期权池，那么就相当于项目有硬伤，因为调整起来很麻烦，投资公司也不想浪费时间。所以，创业者一定要把这个地基打牢，把这个股权架构蓝图画好，以免影响创业融资大计。

3.2　如何设计好公司管理架构和持股平台

【小案例】

我们曾服务过上海一家做工业级 3D 打印项目的企业，创始人许欧剑在这个行业沉淀了很多年，项目本身有技术含量，客户也有不少重量级的。由于企业刚开始投入研发需要不少钱，但是这类早期项目不好找投资机构，所以许总就想办法去找身边的朋友融资，有的投几万元，有的投几十万元，稀释股权从 1% 到 10%，最后居然公司的个人股东达到了惊人的 19 人。后面我们引进深圳分享投资来尽调他的项目，也签了投资意向书（下文简称 TS），看来都比较顺利。

但是上投委会时，合伙人对如此分散的股权架构产生了极大不满，认为这样下去，许总项目后续的发展可能会有很大的风险，随着多轮融资后，许总的控制权可能会旁落，因此建议成立一个有限合伙企业，把这 19 个分散的股权全部放到有限合伙平台中，这个持股平台只作为一个股东出现在公司里，这样股权架构就清晰很多，而且这些对公司后续发展没有太大帮助的股东，对他们的股权也可以予以回购，尽量引进资源型相匹配的高价值股东。因此，许总就按照分享投资的专业意见进行调整。

后面的一切都按部就班地发展，许总也很感谢投资公司能提出如此好的建议。事实上，投资公司除了投入资金外，还能起到规范公司股权架构、引进优秀人才、优化商业模式、对接上下游供应链等作用。

【全拆解】

企业在融资时，一定要先做好融资、融人、融智等全方位的规划，尤其在公司管理架构和持股平台的选择上下足功夫，不能马虎大意，觉得就是分配下股权比例这么简单。

3.2.1 要在新老公司之间建立防火墙

企业在初创阶段能用钱解决的尽量不要用股权来解决。创始人股份占比最好在 2/3 以上。

企业发展期，要把赚钱的业务放在母公司，再细分一个战略性业务出来做新公司，有利于对接资本。母公司股东可以知道子公司的所有情况，但子公司股东只知道子公司的情况。这就在新老公司之间形成了一道防火墙。发展期母公司创始人最好拥有超过 1/2 的股份。

企业扩张期，可以与经销商、供应商一起成立公司，或者兼并、收购其他公司。成立子公司，融资一般占股权的 10%~15%。母公司创始人最好拥有 1/3 以上的股份。

上市公司的股权架构要简单明晰，核心股东与股东之间优势、资源互补。

1. 如何做好城市合伙人计划

城市合伙人是指创业项目在扩张过程中，为了快速形成规模效应，在各个城市找到愿意加盟公司成为合伙人。他们一般对项目有浓厚的兴趣，对于股权价值有一定认识，愿意跟着项目一起发展壮大。做好城市合伙人的计划，要注意以下标准，如图 3-5 所示。

图 3-5 做好城市合伙人计划要注意的六个标准

（1）人数不要找太多，3~5 个人为宜，能够组成一个强有力的团队。

（2）项目公司对城市公司要做到相对控股，持股比例要控制在 51% 以上。如果走资本之路，这样才能合并财务报表。

（3）刚开始项目公司也可以不控股，等城市合伙人团队达到一定业绩时，约定一个股权回购方式达到控股，以便合并财务报表。

（4）城市公司 CEO 要持大股，高于其他合伙人，项目公司与城市公司出资、出力要明确约定，项目公司不参与城市公司的运营管理。

（5）不一定按股权比例分红，可按 4：6 或 2：8 来分，让城市合伙人先享受分红。

（6）当达到一定业绩时，城市公司可获得总部部分股权，进入主体公司的有限合伙持股平台，享受未来的资本收益。

2. 究竟该成立分公司、子公司、事业部还是办事处

创业发展到一定阶段，要扩大规模就要成立分公司、子公司，还有事业部、办事处，到底该成立怎样的独立机构？这个问题可以从以下三个方面来具体分析。

- 从经营规划来看，分公司要比子公司更有优势。因为分公司管理可以一管到底，从上到下母公司都可监管，但子公司有独立的法人和董事会，管控力度不如分公司。

- 从税务筹划来看，分公司要比子公司更有优势。比如，一家公司总

部在深圳,在武汉和西安都设有公司,一家亏100万元,另一家盈利100万元,如果都是分公司,总部就不用纳税,如果都是子公司,那么盈利的公司就要纳税,总部还是亏损的。

- 从法律风险规避来看,子公司要比分公司更有优势。因为子公司是独立法人,可承担责任,但分公司则会牵连到总公司。

除了分公司和子公司外,事业部及办事处有哪些区别? 详见表3-2。

表3-2 分公司、子公司、事业部、办事处的区别

类　别	分公司	子公司	事业部	办事处
主体类型	不具有企业法人资格,不承担法律责任	具有独立法人资格,承担法律责任	不具有企业法人资格,不承担法律责任	不具有企业法人资格,不承担法律责任
注册资本	无须注册资本	需要注册资本	无须注册资本	无须注册资本
经营活动	能与客户签合同、开发票	能与客户签合同、开发票	从事公司经营活动的一段或几段	只能从事总公司营业范围内的业务
经营范围	不能超过总公司范围	非限制项目可从事	无	无
增值税	缴纳	缴纳	无须缴纳	无须缴纳
所得税	单独或汇总缴	独自缴纳	无须缴纳	无须缴纳
关系	总公司的派出机构,具有从属的特性	母公司控股或参股	总公司中一个相对独立的单元	总公司的办事机构,具有从属的特性
名称	总公司名称+某某公司	行政区划+字号+行业+(股份)有限公司	某某事业部	总公司名称+某某办事处
人事管理	员工工资由分公司直接发放,也可在总公司进行	单独发放工资,缴纳社保,也可在总公司进行	公司统一发放工资	人员的工资等事宜全部由总公司来操作

类　别	分公司	子公司	事业部	办事处
自主权限	具有一定的自主权	具有较大的自主权	基本在总公司要求下经营	自主权较小

3. 有限合伙企业与普通合伙企业的区别

有限合伙企业与普通合伙企业的具体区别如下。

（1）形式区别：普通合伙企业中只有 GP（普通合伙人），没有 LP（有限合伙人）。

（2）人数区别：普通合伙企业没有人数规定，有限合伙不得超过 50 人。

（3）约定区别：普通合伙不得将全部利润分配给部分合伙人或由部分合伙人承担全部亏损，但有限合伙则可自行约定。

（4）责任区别：普通合伙所有参与者承担无限责任，有限合伙中普通合伙人承担无限责任，有限合伙人承担有限责任。

（5）劳务区别：普通合伙人可以劳务出资，有限合伙人则不能，如表 3-3 所示。

表 3-3　有限合伙企业与普通合企业的区别

	有限合伙企业（GP）	普通合伙企业（LP）
形式区别	有限合伙人和普通合伙人	只有普通合伙人
人数区别	不得超过 50 人	没有规定
约定区别	可自行约定	不得将全部利润分配
责任区别	承担有限责任	承担无限责任
劳务区别	不能以劳务出资	以劳务出资

4. 有限合伙持股的五大优势

有限合伙持股的优势有以下五个方面。

（1）能够放大控制权。GP 对合伙企业的控制权，除了自己的份额外，还包括 LP 的全部份额。以较小投入，起到控制较多股权的目的，四两拨千斤。

（2）高效率决策。公司持股平台需要股东会、董事会和监事会来管理，通知所有股东并签字。有限合伙是比较精简的管理结构，决策迅速，沟通成本较低。

（3）避免双重征税。合伙企业不是独立的纳税主体，仅向合伙人分配转让所得分红或红利时，一次性由合伙人缴纳个人所得税。

（4）降低管理成本。设立门槛低、自由灵活，实现高效决策，持股便捷。

（5）便于资本运作。上市前员工离职了，但公司层面的股权结构没有发生变化，无须复杂的审批和变更，这对上市很有帮助。

当然，有限合伙持股的缺点是股权转让自由度差，税收优惠有一定合规风险。

5. 关于 AB 股的认知

简单来说，AB 股就是同股不同权。在美股上市的京东、拼多多、陌陌、唯品会都是采用双层投票权结构。2019 年以后，采用 AB 股的公司可以在科创板上市，2020 年后，也可在创业板上市和新三板挂牌。

关于 AB 股模式的一些特点，总结如下。

（1）投票权倍数：在 A 股上市，最多只采用 10 倍投票权。美股上市没有这方面的限制，如京东就采用 20 倍投票权。国内的有限责任公司对投票权倍数也没有限制。

（2）重大事项需要的票数：在 A 股或美股上市的公司，重大事项最低要 2/3 以上票数通过，国内有限责任公司最低要 2/3 以上票数通过，股份公司按出席会议的股东票数计算。

（3）设定时间：在 A 股上市，企业需要在上市前设 AB 股，上市后不能再设 AB 股。美股上市没有这样的限制。唯品会是在美股上市两年多后才改为 AB 股的。国内有限责任公司设 AB 股没有时间限制。

（4）多种 AB 股模式：比如，京东、美团是普通 AB 股模式，晨鸣纸业是优先股模式，还有固定投票权模式、平均主义模式，蔚来汽车是特殊的 ABC 模式。A 股上市只能选普通模式和优先股模式。

（5）特殊的同股不同权制度：比如，公司章程设定某人有固定的 52% 表决权，不管他的持股比例多少，这个表决权是不变的。

（6）实行 AB 股不一定就有控制权：贾跃亭当年虽然在法拉第未来有 88% 的投票权，但还是被挡住了融资的路，因为恒大拥有一票否决权。

（7）AB 股也是双刃剑：采用 AB 股模式是为了更好地保护创始人不受资本短期利益的驱使。但是，一旦创始人只追求自己的私利，那么 AB 股模式可能会被创始人所利用，来坑害其他股东的利益。

【小结】

在公司管理架构和持股平台的选择上，我们要做好城市合伙人的规划，这样有利于快速形成营销规模，让投资公司更加认可你的发展模式与速度。

在分公司、子公司、事业部和办事处的选择上，要根据企业发展的阶段、选择的区域以及法务、税务筹划的需要，选择合适的经营模式。

创业型公司，选择有限合伙企业作为持股平台，是比较普遍的选择方式，但提前一定要把它的 LP 和 GP 职责弄清楚，确保创始人的控制权。

3.3 如何做好上市并购的规划

【小案例】

"杨总，有一家公司说让我交十几万元，就能让我挂牌上市，还能敲钟戴红围巾，有正规的股票代码可以查！"一位创业者艾勇给我发来微信，说这家公司在深圳，还帮助几百家公司挂牌上市了，一想才交十几万元，就能拥有一家上市公司，那是多少创业者心中的梦想啊！

"钱我都交完了！"我还没来得及问他是深圳的哪家公司，艾总就说他的行动力是深圳速度的典范。可见，这位来自宁夏的创业者，对于上市确实是万分渴求的。

虽然看起来这十多万元不算很多，但是初创企业还可以拿这十多万元做很多事情。

等我一细打听，原来艾总说的上市是前海新四板的挂牌，跟真正的IPO上市完全是两码事。对方是一家挂牌服务机构，确实是有敲钟挂牌戴红围巾，与媒体上报道的上市仪式确实差不多，这家服务机构还把他成功服务过的带股票代码的"上市"公司名单都发给艾总，艾总就信以为真。其实新四板与其他区域性的E板、Q板差不多，只是一个区域性的展示平台，说白了就跟在电视上打个广告差不多，没有什么资本价值。创业者自己也可以到深圳前海股权交易中心官网申请，通过中心核验、展示内容、代码分配，约25个工作日就可以进行授牌仪式。这家服务机构倒是赚了不少差价。

【全拆解】

创业者拥有真正的 IPO 梦想，是值得我们鼓励和欣赏的。但是，市面上那些挂地方板的都不是真正的公开资本市场。作为创业者，要从长计议，至少要做好三五年上市的计划，提前做好上市准备，规范上市条件，想好在境内还是境外上市。

3.3.1 你离资本市场有多远？

什么样的产品或服务适合走资本市场呢？可以从以下四个方面来判断，如图 3-6 所示。

图 3-6 从四个方面判断什么样的产品或服务适合走资本市场

- 你为什么要选择做这个产品？即你项目的核心优势。

- 你凭什么说你的产品是能赚钱的？比如科技创新，是否做到了行业的唯一性，是否做到了不同的领域，差异化是否足够明显，用户使用后是否很喜欢。这是你的赚钱逻辑。

- 你的产品如何才能赚钱？这就需要打造一套好的商业模式，培养好用户的黏性，有了好的客户自然就有好的市场，有好的市场就会有好的盈利。

- 你的生产流程做到标准化和可复制了吗？企业如果有人离开了，仍能同样运转良好，企业就更加有竞争力。这就是流程标准化。

总之，足够好的产品，标准化的流程，有核心竞争力的团队和独特的商业模式，拥有庞大的用户群体，具备这些，你的企业基本离上市就不远了。

1. 企业上市的四个前提

一个企业要想上市，一定要从以下四个方面去做，如图3-7所示。

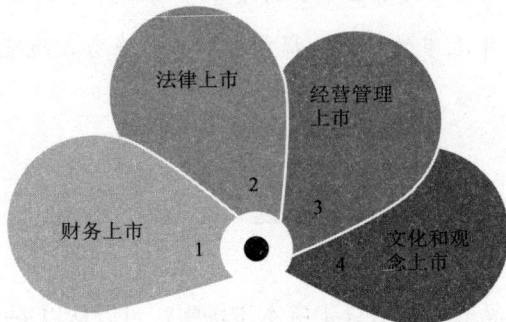

图3-7　企业上市的四个前提

• 财务上市。要有出具"无保留意见"的审计报告、税务凭证、完税证明、银行对账单、进出货单据、企业年检、海关出口记录等。

• 法律上市。上市主体资格和公司董事、监事、高级管理人员完全符合法律要求，没有关联交易和同业竞争，没有硬伤与瑕疵，没有障碍与隐患。

• 经营管理上市。优秀的管理团队，是吸引投资人的亮点和题材。这需要人力资源有有效的激励机制，部门管理有科学的管理制度和岗位设计。

• 文化和观念上市。要让员工从心理上、观念上做好上市准备，让他们有主人翁责任感，企业文化建设也要与上市同步。

只要这四个方面都具备了，上市就算是做好了充分的准备。

2. 上市要哪些成本

IPO上市需要证券公司（简称券商）、律师事务所、会计师事务所等中介机构来辅导服务，这些成本要提前做好规划。券商一般要2 500万~5 000万元的保荐承销费，会计审计要400万~600万元，律师所要150万~300万元。

中国大陆的上市制度发生了很多改变，从审批制、核准制和询价制到注册制，未来将让市场自行筛选优质资产，券商服务与项目市值水平长期挂钩。

上市的时间，从有限变股份、上市辅导、材料申报、受理初审、发行审核到促销发行，整体耗时最快约需要 9 个月，最慢要 1 年多。当然也有个别例外的，如 2022 年 8 月 5 日上会的中科美菱低温科技股份有限公司，从 6 月 29 日受理至 8 月 5 日上会，用时仅仅 37 天，刷新了华岭股份曾经创下的 38 天的最快纪录。

（1）规范成本：公司要为员工缴交的五险一金总成本一般是是整个公司员工工资的 40% 左右，这个成本要做到胸中有数。另外公司进行资产重组、生产手续、环境影响评价、办理土地证等都需要好几笔大的费用，上市前要统一规划好。

（2）税收成本：上市要求是公司有 3 亿元利润，按 15%~25% 的企业所得税计算，即为 4 500 万 ~7 500 万元。也就是说，如果要上市，至少要缴交 4 500 万元的企业所得税。

IPO 审核的重点内容包括关联交易、同业竞争、股权代持、实际控制人、对赌协议、业务经营不合规、内控有效性缺陷、会计基础工作不规范、信息披露存在瑕疵、持续盈利能力存疑等。如果你要上市，提前要把这些审核的问题过关，这自然也会产生规范的费用成本。

3. 上市辅导究竟是怎么做的

上市辅导一般由主承销券商来进行，辅导上市的时间周期最少也要 3 个月，主要按照上市要求对企业的各种制度、流程、文件、人员进行规范化指导，报送必备的文件给主管部门，有问题的要及时整改，辅导相关人员学习上市的相关知识，并且要通过考试，上市辅导的主要流程示意如图 3-8 所示。

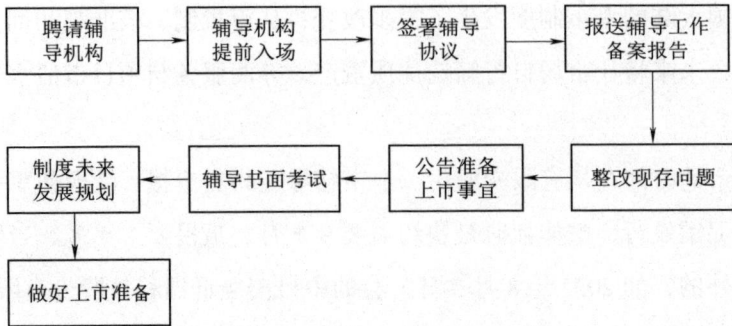

图 3-8 上市辅导九个主要流程示意

（1）聘请辅导机构，企业可以从资信状况、专业资格、研发力量、推广能力等几个方面去考量。

（2）提前入场，让辅导机构尽早介入公司的上市规划流程。

（3）签署辅导协议，签后 5 个工作日到证监机构办理备案登记手续。

（4）报送辅导工作备案报告，每隔 3 个月向证监会报送一次辅导工作备案报告。

（5）整改问题，针对辅导过程中的问题要及时解决。

（6）公告发行股票等事宜，辅导满 6 个月后的 10 天内，在主要两种报纸连续两次以上发布公告。证监会如收到举报信，就会进行相关调查，企业要积极配合。

（7）辅导书面考试，全体应试人员必须合格。

（8）帮助制定业务发展目标和未来发展规则，募股资金投向。

（9）帮助开展 IPO 的相关工作，摸底调查、组织学习培训，并进行考核评估，完成辅导计划，做好上市申请文件的准备工作。

4. IPO 上市容易踩的红线有哪些

要想顺利 IPO 上市，以下五根红线千万不能踩。

（1）财务指标异常。比如，通过调节营业外收入骗取虚假补贴、调节公允价值、虚增应收账款。

（2）信息披露不充分。比如，收买调查机构制造假研报、虚报产品定价、虚报市场地位和市场需求。

（3）独立性存在质疑。主要包括关联交易非关联化、隐蔽的非关联方利益输送、明显的关联方利益输送。

（4）提供虚假的财务报表，瞒报内控事故。这其实反映了企业内部控制混乱、管理有问题。

（5）设置关联交易，隐藏实际控制人。通过复杂的股权转让操作、分散的股权设置和极度分散的董事会，达到让外界看不懂实际控制人的目的。比如，历史出资问题，主营业务发生变化、实控人和管理层发生重大变化。

5. IPO 路上有哪些拦路虎

要在国内上市，企业需要引入保荐机构、律师所和会计师所，约需要一年以上的时间来梳理内部治理结构。企业内部有贪污受贿、跑冒滴漏问题引发人事地震，财务人员水平不够造成违法违规等，都会成为 IPO 上市路上的拦路虎。此外，还有可能出现以下这些情况。

（1）历史上的股权结构不合理，造成团队分裂，或股权分散，或实控人失控，人事权被家族垄断导致人浮于事、任人唯亲等状况。

（2）审核期不要出现并购、大幅扩张的大动作，只要平稳增长，符合预期，顺利应答监管的问题，就是一张完美的答卷。

（3）国家监管政策忽然变化，IPO 被暂停好几个月或一年。

（4）上市过程中离婚有巨大风险。中介机构连实控人的私生活都一清二楚，同行请商业间谍针对你的缺陷、创始人隐私、产品功能虚夸等进行攻击，自媒体和大 V 针对"丑闻"曝光索取钱财，都会对上市造成阻碍。

3.3.2　了解资本市场

国内资本市场发展轨迹大致是:2004 年推出中小板,2009 年推出创业板,2013 年推出新三板,2018 年推出科创板。基本过四五年,就会有一个里程碑出现。国内不同证券交易市场的上市条件,具体见表 3-4。

表 3-4　不同证券交易市场的上市条件

上市标准	上交所主板/深交所主板	科创板	创业板	北交所
市值＋净利润或市值＋净利润＋收入	• 最近 3 个会计年度净利润均为正且累计超过 3 000 万元; • 最近 3 个会计年度经营活动产生现金流量净额累计超过 5 000 万元, 或最近 3 个会计年度营业收入累计超过 3 亿元	• 市值≥10 亿元; • 最近 2 年净利润均为正; • 累计净利润≥5 000 万元	• 最近 2 年净利润均为正; • 累计净利润≥5 000 万元	• 市值≥2 亿元; • 最近 2 年净利润均≥1 500 万元; • 加权平均 ROE≥8%
		• 市值≥10 亿元; • 最近 1 年净利润为正; • 营业收入≥1 亿元	• 市值≥10 亿元; • 最近 1 年净利润为正; • 营业收入≥1 亿元	• 市值≥2 亿元; • 最近 2 年净利润均≥2 500 万元; • 加权平均 ROE≥8%
市值＋收入＋研发投入	—	• 市值≥15 亿元; • 最近 1 年营业收入≥2 亿元; • 最近 3 年累计研发投入占最近 3 年累计营业收入的比例≥15%	—	• 市值≥8 亿元; • 最近 1 年营业收入≥2 亿元; • 最近 2 年累计研发投入合计占最近 2 年营业收入的比例≥8%

续表

上市标准	上交所主板／深交所主板	科创板	创业板	北交所
市值＋收入＋经营活动现金流	—	• 市值≥20 亿元； • 最近 1 年营业收入≥3 亿元； • 经营活动产生现金流量净额累计≥1 亿元	—	• 市值≥4 亿元； • 最近 2 年营业收入平均≥1 亿元； • 最近 1 年累计营业收入增长率≥30%； • 最近 3 年经营活动产生现金流量净额为正
市值＋收入	—	• 市值≥30 亿元； • 最近 1 年营业收入≥3 亿元	• 市值≥50 亿元； • 最近 1 年营业收入≥3 亿元	—
市值＋技术优势（研发投入）	—	• 市值≥40 亿元； • 符合科创板定位需具备的技术优势或条件	—	• 市值≥15 亿元； • 最近 2 年研发投入合计≥5 000 万元

目前，美国资本市场的规模及成熟度在世界排名第一，纽约是公认的世界金融中心，汇聚了世界上绝大多数游资与风险基金，股票总市值占全世界的 1/2，季度成交额在全球季度总成交额中的占比超过 60%。

美国证券市场表现出立体多层次的特点，不仅有两大证券交易所——纽约证券交易所（NYSE）和美国证券交易所（AMEX），还有世界上最大的电子交易市场纳斯达克自动报价与交易系统（NASDAQ)，以及很多柜台交易市场，如柜台电子公告榜（OTCBB）等。不同的市场可以为不同类型的企业服务，只要企业满足某一个市场的上市条件，就能向美国证监会提交上市申请。基于这一特点，美国证券市场可以满足多种多样的融资需求。在美国，不同的证券交易市场的上市条件，具体如表 3-5 所示。

表 3-5　美国不同证券交易市场的上市条件

	纽约证券交易所	美国证券交易所	纳斯达克全国板股市	纳斯达克小板股市
净资产	4 000 万美元	400 万美元	600 万美元	500 万美元
市值（总股本乘以股票价格）	1 亿美元	3 000 万美元		3 000 万美元
最低净收入				75 万美元
税前收入	1 亿美元（最近 2 年每年不少于 2 500 万美元）	75 万美元	100 万美元	
股本		400 万美元		
最少公众流通股数	250 万	100 万或 50 万	110 万	100 万
流通股市值	1 亿美元	300 万美元	800 万美元	500 万美元
申请时最低股票价格	N/A	3 美元	5 美元	4 美元
公众持股人数每人 100 股以上	5 000 人	400 人	400 人	300 人
经营年限	连续 3 年盈利	2 年		1 年或市值 5 000 万美元

美国、日本实行的是注册制。

大家都知道，香港证交所拥有发行与上市的审批权。香港特别行政区是国际金融中心，在亚洲金融市场乃至全球金融市场上的地位无可取代，其证券市场也是世界十大证券市场之一。现在中国内地有很多国企和民企都到香港上市。表 3-6 所示为中国香港资本市场主板和创业板上市对企业的要求。

表 3-6 中国香港资本市场主板和创业板上市对企业的要求

	主板	创业板
盈利要求	企业要具备 3 年的营业记录，过去 3 年盈利之和达到 5 000 万港元 （最近一年要达到 2 000 万港元，之前两年合计要达到 3 000 万港元），在 3 年的业绩期内管理层保持不变	无盈利要求，但一般要展示有 24 个月的活跃业务和活跃的主营业务，在活跃业务期，企业管理层和持股人要保持不变
市值要求	新申请人上市时的预计市值不得少于 1 亿港元，其中由公众人士持有的证券的预计市值不得少于 5 000 万港元	上市时的最低市值没有具体规定，但实际上市时不能少于 4 600 万港元；期权、权证或类似权利，上市时的市值要达到 600 万港元
股东要求（新上市）	在上市时最少有 100 名股东，而每 100 万港元的发行额由不少于 3 名股东持有	上市时公众股东至少有 100 名，如果公司只能符合 12 个月 "活跃业务记录" 的要求，上市时公众股东至少有 300 名
公众持股要求	最低公众持股数量为 5 000 万港元或已发行股本的 25%（以较高者为准）；如果发行人的市值超过 40 亿港元，可以降低到 10%	市值少于 40 亿港元的公司的最低公众持股量要占 25%，涉及的金额最少为 3 000 万港元；市值等于或超过 40 亿港元的公司，最低公众持股量要达到 10 亿港元或已发行股本的 25%（以较高者为准）
禁售规则	上市后 6 个月控制性股东不能减持股票，上市后 6 个月内控制性股东不得丧失控股股东地位 （股权不得低于 30%）	上市时管理层股东及高持股量股东共持有不少于公司已发行股本的 35%；管理层股东和持股比例少于 1% 的管理层股东的股票禁售期分别为 12 个月和 6 个月

续表

	主板	创业板
主要业务要求	无	必须有主营业务
公司治理要求	主板公司须委任至少两名独立非执行董事，联交所亦鼓励（但非强制要求）主板公司成立审核委员会	须委任独立非执行董事、合资格会计师和监察主任以及设立审核委员会
保荐人制度	有关聘用保荐人的要求于公司上市后即宣告终止（H股发行人除外；H股发行人至少聘用保荐人至上市后满一年）	必须在上市后最少两个财政年度持续聘用保荐人担当顾问
管理层稳定性要求	申请人业务在三年业绩记录期间大致由同一批人管理	申请人业务在申请上市前24个月（或减免至12个月）大致由同一批人管理及拥有

我国科创板和美国纳斯达克区别如下。

• 两者都定位为新兴科创企业，但科创板更精准和细分，纳斯达克行业定位较宽泛。

• 纳斯达克发行制度更成熟，科创板正逐步向国际成熟市场看齐。

• 科创板偏向于快速成长期、有一定规模的科创企业，纳斯达克涉及的企业阶段更广。

• 纳斯达克上市时间成本较高，需要6~9个月，科创板上市最快6个月。

• 科创板是一次一审，而纳斯达克是一次授权、多次募集。纳斯达克对于锁定期更灵活。

此外，境外IPO上市究竟有哪些优势呢？具体有以下四点，如图3-9所示。

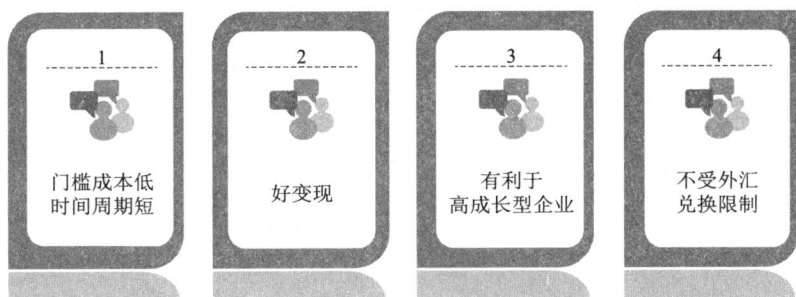

图 3-9　IPO 上市的四个优势

（1）门槛成本低，时间周期短。上市门槛低，制度成本低。境外 IPO 上市比国内的要求要低些，承受大规模融资能力高于内地，机制市场化，制度成本低。周期短，时间成本低。美国上市一般需要半年到一年的时间，以离岸公司为主体，在境外上市，周期比较快。

（2）好变现。上市后股份经过锁定期就可以变现，包括创始人、投资人的股份都可以流通。

一方面，有利于高成长型企业，估值也比较高，但国内新股发行市盈率 23 倍就是上限。

另一方面，不受外汇兑换限制，有利于国际风险投资机构的退出机制。

3.3.3　上市并购的操作要点

创业者找投资公司融资，一般有四种退出渠道：自己回购、IPO 上市、并购重组、破产清算。除了境内外 IPO 上市是最好的退出渠道外，并购退出也比较常见。

1. 并购退出有哪些优劣势

全球并购退出占整个风投退出渠道的 50% 多，未来将成为中国投资公司退出的主流方式，如表 3-7 所示。

表 3-7　并购退出的优势与劣势

优　势	劣　势
1. 信息披露少，保密性高。	1. 收益率低于 IPO，退出成本较高。
2. 退出速度快。	2. 遭管理层反对。
3. 交易灵活	3. 需要投行或中介的服务

由上表可知：优势一，信息披露少，保密性高。不需要向公众披露，只需双方知道即可，保密性好。优势二，退出速度快。当然也有分期支付价款的，有时需要等待。优势三，交易灵活。交易双方可共享对方的资源和渠道，提高企业的运转效率。

但劣势是收益率低于 IPO，退出成本较高。通常会受到企业管理层的反对，并购资金量也较大，要找到买家并不容易。这时需要投行或其他中介机构的专业服务。

2. 上市要怎样合并报表

如果总公司上市，它的激励额度一般为 10%~48%，这样实际控股还有52%，总体是可影响和可控制的。

对于总公司、分公司、子公司在上市前的股权分配原则，以及分红权的设定，要有一定前瞻性。主要方法如图 3-10 所示。

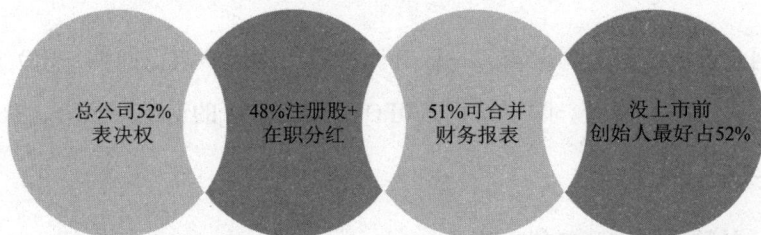

图 3-10　总公司、分公司、子公司在上市前的股权分配原则

（1）48% 注册股 + 在职分红。给总公司核心高管分 19% 的股权、子公司分 9% 的股权、投资公司分 20% 的股权作为融资。当然，这加起来 48%

不能一口气就分完，可能要等上市时才给，没上市前可用 48% 的注册股加上部分在职分红股组合。

（2）总公司 52% 表决权。老板只要 30%，剩下 70% 都拿去分配，但老板持有 52% 的表决权，这也是同股不同权的约定。特别说明一点，分公司没法注册，是没有股份的。

（3）51% 可合并财务报表。如果你没打算让子公司上市，可拿出 49% 作为上限去分配，这样总公司一旦上市了，就能控制子公司 51% 及以上的股份，财务才能合并报表。

（4）没上市前创始人最好占 52% 的注册股。如果你准备让某个子公司单独上市，在没上市前你最好占 52% 的注册股，这是原则问题。

3. 合并报表是怎么回事

大家经常听到"合并报表"这个词，它可以产生杠杆效应，部分放大集团公司的总业绩，符合扩张战略。合并报表到底是怎么回事呢？怎样才算合并报表成功？

举个例子（见表 3-8）：A 公司年收入 5 亿元、净利润 6 000 万元，如果它收购一家 B 公司 51% 的股权，而 B 公司年收入在 4 亿元、净利润在 4 000 万元。这样 A 公司与 B 公司就形成了母子公司的关系，满足了合并报表的条件。完成收购后，A 公司的收入就变成了两家公司加总的 9 亿元、净利润 1 亿元，分别增长近 1 倍，尽管 A 公司只收了 B 公司 51% 的股权。

表 3-8　关于合并报表的举例

	收入（元）	净利润（元）
A 公司	5 亿	6 000 万
B 公司	4 亿	4 000 万
合并报表后 A 公司的收入	9 亿	1 亿

因此，要想合并报表，必须要拥有对方公司 51% 及以上的股权才行。

4. 公司并购有什么好处

俗话说，强强联合，我们经常听到关于公司并购的新闻，公司并购的好处主要表现在四个方面，如图 3-11 所示。

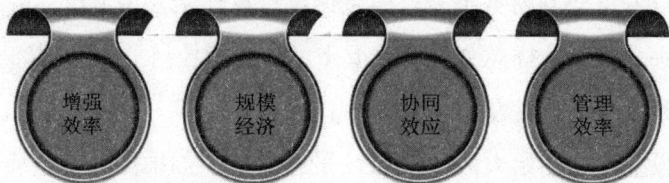

图 3-11　公司并购的好处

（1）增强效率：能提高企业经营绩效，增加社会福利。

（2）规模经济：扩大经营规模可降低平均成本，从而提高利润。

（3）协同效应：比如，一家拥有雄厚资金实力的企业和一家拥有一批优秀管理人才的企业合并，就会产生协同效应。大学城就是典型的例子，所有教学的讲师不同学校可以共用，所有学校设施十几家院校可以共用。

（4）管理效率：A 公司的管理效率优于 B 公司时，A、B 两家公司合并就能提高 B 公司的管理效率。

总之，企业并购的好处是：实现管理协同、追求市场控制能力、追求规模经济效益、降低成本、分散风险、应对市场失效、增加管理特权。

5. 公司并购时尽调哪些内容

公司在具体并购过程中要尽调的内容比较多，但主要内容包括以下内容。

（1）目标公司的主体资格及获得的批准和授权情况，如董事会或股东大会的批准，外企还要获得商务部门的批准。

（2）目标公司的产权结构和内部组织结构，如有限公司、股份公司、外商投资企业或合伙制企业，不同性质的企业，并购方案的设计也不同。

（3）目标公司的法律文件、重大合同，如签的一些重要协议、备忘录、保证书等，包括合同的有效期限、双方责任与义务、重要违约行为、合同终止条件等。

（4）目标公司的资产状况，动产、不动产、知识产权情况，应收账款和应付账款。

（5）目标公司的人力资源情况，主要管理人员的福利、工会、劳资情况等。

（6）目标公司的法律纠纷和潜在债务。

6. 上市公司重组失败的原因有哪些

上市公司重组失败的常见原因主要有以下几个方面，如图 3-12 所示。

图 3-12 上市公司重组失败的五个原因

（1）短期市值管理。未从提升上市公司的长期价值出发，只是以短期市值管理为目的。收购热门题材标的，承诺高额利润，从而提升上市公司股价，这种做法是不能持久的。

（2）未与长期战略吻合。未与自身长期发展战略吻合，缺乏对标资产的价值判断能力和整合能力。

（3）消化困境。过于轻信自身的整合能力，步子太大，想一口吃成个胖子，结果出现消化困难的情况。

（4）并购手段不合理。选择的并购手段不合理，没有与实际情况、并购目的、标的资产的具体情况等多种因素结合起来考虑与设计。

（5）过分对赌。过分使用对赌手段，这样会适得其反，被并购对象为了尽快达到对赌标准的业绩，往往会铤而走险，操之过急，出现危机。

【小结】

从上面我们可以看出，上市之路并非那么轻而易举，所以才让如此多的创业者为之着迷。创业者除了时时核查自己项目是否符合上市的业务、财务和法务要求，还要跟证券公司、会计师事务所、律师事务所有很好的沟通与合作，让他们提前对企业有一些规范化的管理要求。作为企业创始人，也要不断提升自身的资本知识与财税思维，才能真正向着 IPO 之路迈进！

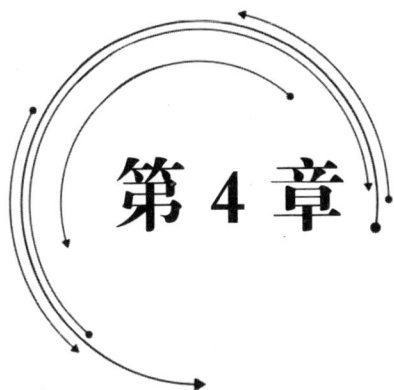

第 4 章

掌握公司控制权的方法

　　没有掌握公司的实际控制权，创业再成功也是白活，到头来为他人作嫁衣，自己只能偷偷地哭。首先要有实际控制人，而且要通过一系列的操作把实际控制权牢牢掌握在自己手上，即使通过多轮融资稀释，也还是可以让你一直实控企业的。

4.1 不懂股权控制，再成功也是白忙

【小案例】

雷劲松和三个铁哥们都是在一家500强企业里负责供应链管理。这家公司与国内外的供应链合作很密切，尤其是他们的供应链智能系统很科学，投入成本也高，但是管理起来确实节省了不少人力成本，为企业发展至少提升效率25%以上。他们四个人经常感叹供应链管理系统的强大。一天聚会时四个人商量，如果咱们一起能够创办出这样一个项目，可能会有一些中小企业也需要类似的供应链管理系统。

凭着年轻胆大，四个人说干就干。为了弥补搭建供应链软件平台的技术短板，他们还从阿里找来了一个程序员莫灿加入团队，总共就是5个人的合伙团队。四个人原来的股权占比是各25%，为了体现公平性，每个人又都分出3%的股权给了莫灿，5人的股权比例就变为22%：22%：22%：22%：12%。创业初期大家都一门心思扑在产品研发上，吃住在公司，充满激情，5个人都期望着产品早日面世，获得客户的认可，但是软件研发毕竟是需要持续投入的，他们开始找投资人。没想到这个赛道还真有早期投资人感兴趣，投资人对项目本身的技术含量、客户群体、未来发展都没有太大担心，只是当投资人问起公司实际控制人的问题时犯了愁，大家你看看我，我看看你，说公司的事都是大家一起商量来定的。投资人提出一个解决方案：让雷劲松作为CEO，成为公司的实际控制人，

其他四个人和雷总签一致行动人协议和投票权委托协议，在公司的实际运营中，以雷总的最终意见为主要标准。其余四人为了公司的融资，表面上都答应得很爽快，顺利拿到了融资，但当投资人建议增加雷总的股权比例时，被其余四人联合阻止了。

拿到了第一笔融资后，五个人的创业心态完全变了，雷总觉得自己也只有 20% 不到（融资稀释了比例）的股权，再融几轮资，估计也就几个点了，觉得很不值。而其他四人更是喊冤，觉得大家的付出都差不多，凭什么雷总是实际控制人，以后万一公司做上市了，风光的只是他一个人。在这种不和谐的创业氛围下，大家虽然手上有了钱，但心态完全失衡，很快失去了之前的创业激情，总是生怕自己多加点班吃亏了。莫灿觉得系统的技术主要是自己搭建起来的，认为自己的股权占比应该增加，但是其他四个合伙人不愿意。这样一来，裂痕就越来越大，作为 CEO 的雷总也名存实亡，其余四人还常常联合起来跟雷总唱反调。即便投资人出面调停也没有办法。最终的引爆点是莫灿的退出，而且他把核心源代码都带走了。至此，这个很有前景的项目就这样黯然失败了，真的非常可惜！

【全拆解】

上面这个案例由于刚开始股权设计的缺陷，导致公司没有实际控制人，也就是说没有定战略方向的人，因此合伙人之间就缺乏稳定的关系，投资人调停也没有用。尽管采取了一致行动人和投票权委托的补救措施，但整个公司没有决策效力，其最终失败是值得所有创业者反思的。

1. 没有实际控制人很危险

实际控制人是指直接或间接持有公司股权，对股东大会的决议产生重大影响或实际支配公司行为的人。如果没有实际控制人，会产生哪些危害？主要有三方面危害，如图 4-1 所示。

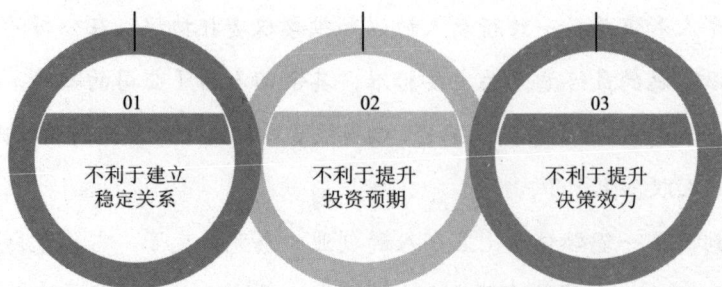

图 4-1　没有实际控制人会产生的危害

- 不利于建立稳定关系。不利于建立、维持股东和公司之间稳定而持久的关系。如果没有实控人，股东们就会事不关己、高高挂起，公司也发展不顺利。

- 不利于提升投资预期，难以实现利益的最大化。如果没有实控人，股东们就会抱着搭便车的心态，把公司发展寄希望于他人，不敢承担更多责任。

- 不利于提升决策效力。如果公司没有实际控制人，各个股东就会为了公司决策争得不可开交，有时候很好的发展机会就会因此而错失。

2. 不懂股权控制，再成功也是白忙

无论是真功夫、俏江南，还是雷士照明、宝万之争等，这些股权案例都说明股权结构的重要性。

作为创业者，对于股东有哪些要求？如何提前做好股权控制？需要注意以下这些原则。

- 最好是一股独大，如 A ＞ B+C，必须有一个人说了算。大股东的股权占比在 51% 以上或者 67% 以上，但要小于或等于 90%。

- 对于决策型股东，上策是 3 人以内；中策是 3~5 人；下策是 5 人以上。对于分红型股东，有限公司股东最好不超过 50 人，股份公司股东最好不超过 200 人。有限公司股东向外人转让出资（新增出资、转让出资、公司合并）是有限制的，需经过全体股东过半数同意，而股份公司转让没限制，

可自由转让。

• 投资人眼中的股东，最好要各有所长，每个人能独当一面，合理分红，为一个明确的目标而努力。

• 创始人最好不要跨行创业，要具备创业项目本身行业的基因，要有专业知识积累、人才储备和技术积淀。

• 要了解创始团队的创业经验与背景，组合是否适合，分工是否合理，领头人是否优秀，团队是否有兼职的。

3. 如何掌握控制权

非上市公司如果想要控制权多一些，除了拥有足够多的股权外，还可采用有限公司或有限合伙的平台来控制，主要有以下几点。

• 上市公司主要靠增资扩股、一致行动人协议、资产重组、同股不同权来控制公司。

• 你可以设立一家有限责任公司或有限合伙企业作为目标公司的持股实体，你担任该公司的法定代表人，唯一的董事、唯一的普通合伙人或执行事务合伙人，最后达到掌握目标公司表决权的效果。

• 在公司章程中可以赋予管理层一票否决权，也可以规定董事会一定数量的董事（过半数）由核心管理层委派，当然要避免触犯法律制度的框架。

• 对于上市公司可将原企业的资产和负债进行合理划分和结构调整，合并、分立将企业资产和组织重新组合。如果管理层对一家企业拥有较低控制权，对另一家拥有绝对控制权时，可通过两家企业的资产重组来获得重组后企业的控制权。

4. 如何挑选实际控制人

据公开媒体报道，2017 年 ST 昌信实际控制人卷款潜逃，以致 394 位股东被坑。可见，实控人选择不善，将为公司及其他股东带来难以估量的伤害。

作为一家公司的股东，如何挑选实际控制人呢？主要可从以下三个方面来选择，如图4-2所示。

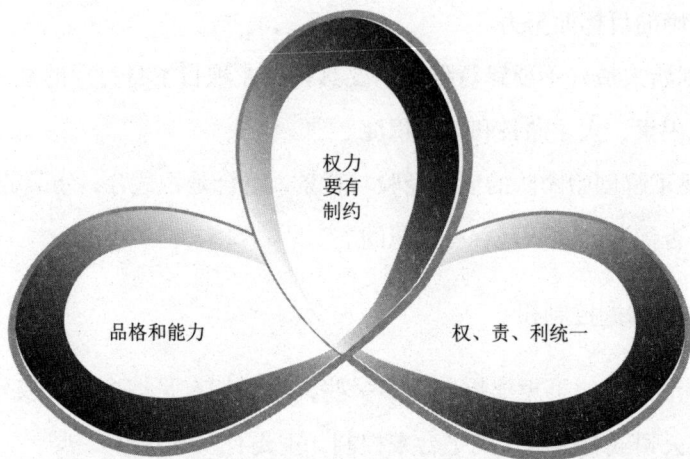

图 4-2　挑选实际控制人

- 品格和能力。关于实际控制人的品格和能力，需要天性坚毅、乐观，具有强大解决问题能力的领导者来为公司掌舵。

- 权、责、利统一。实际控制人的权、责、利是否相统一。如果实控人所拥有的权利、承担的风险与责任、享受的收益不成正比，将影响实控人发挥作用。

- 权力要有制约。是否对实际控制人的权力行使有制约机制，一旦权力失去监督将会是祸害，对实际控制人的监督机制如果缺失了，将对公司形成灾难。

【小结】

公司要走资本之路，一定要按资本的游戏规则来设定实际控制人的标准，包括选择核心合伙人、资源合伙人、内部合伙人和外部合伙人，了解这几类合伙人之间的区别。在挑选合伙人的标准上，要注重人品与能力并重，强调合伙人之间的权责平衡与制约。

4.2　掌握实际控制权的有效方法

【小案例】

我认识一个深圳的天使投资人蒋总，10 多年来他凭借个人实业打拼，早已实现财务自由。蒋总还是很有情怀的人，他希望通过自己投资一些有潜力的早期项目，能够走向资本市场，实现自己成为上市公司控股股东的梦想。

我在跟他多次交流的过程中，认为他对实际的早期投资逻辑还是比较欠缺的，尤其是对于赛道的选择、创业团队的考察，主要还是凭个人感觉做判断，有时甚至会跟爱人一起商量这个项目有没有可能做上市。前几年他凭着个人感觉投资了几个项目，有长租公寓的、有汽车后市场的，还有汽车动力系统的，总体失败率较高，这也很正常。我教蒋总要跟着清科排名前十名的大投资公司的专业判断去投资，这样相对风险会低些。于是，他常常跟深创投、东方富海、达晨、松禾等机构投资人一起去看项目。

后来蒋总遇到一个硬科技的项目，前期通过跟投资公司的交流，他很欣赏这个项目的团队成员，都是个人能力相当优秀、专业互补性也强。蒋总第一批投资 500 万元，占股 20%，之后基本也没有过多关注过项目，只是帮忙引进一些资源与人才，后面公司还需要持续投入，蒋总又投入了1000 万元，又占股 20%，这样一来，另外 3 个合伙人仅仅只占 60%。

这时投资公司开始对该项目感兴趣，毕竟开始有利润了，商业模式也跑通了。投资公司还要求有期权池 15%，以吸引更优秀的人加入，跟蒋总商量，蒋总很爽快地答应把投票权委托给三位创始人，全力支持他们把项目做好。当然在这个过程中，蒋总对分红权提出了一定的要求，创始人团队很感谢蒋总的支持，同意以加大分红权比例来换取创业团队的投票决策权。投资公司也很积极，一家知名的大投资公司带领几个投资公司一起合投了这个项目8 000万元。公司做得风生水起，后面连续融了几亿元，终于在科创板上市。蒋总也因此功成名就，逢人就说自己投中了上市公司，在朋友间获得了更多的尊敬。

【全拆解】

上面我的朋友蒋总，虽然是个人天使，但是他还是懂得让创业团队最终拥有企业实际控制权的道理，自己只是争取到更多的分红比例。因为他之前是做传统产业起家的，不懂新兴行业硬科技，自己只出钱，放心地把控制权交给专业的创业团队，这是很明智的大智慧。事实上，随着这个项目成功登陆科创板，蒋总可谓是名利双收。

作为项目的创始人，当你的项目一旦决定走资本之路时，就要想好如何始终牢牢把实际控制权掌握在自己手上，即使你的股权比例越来越少，不到30%。

1. 五招解决实际控制权问题

海底捞的成功、真功夫的失败，归于实际控制权的问题。下面五招可以解决股权均分导致公司无实际控制权的情况，如图4-3所示。

图4-3　五招解决股权均分导致公司无实际控制权的情况

- 投票权委托，是指部分股东把自己的投票权委托给其他特定股东行使，如 10 多家投资公司把投票权都委托给刘强东，虽然他持股只有 13.8%，但却拥有 76.1% 的投票权。

- 一致行动人协议，是指力推某个创始股东的投票权集中，让他行使提案权、表决权，如阿里巴巴、腾讯都是。

- 有限合伙。搭建有限合伙持股平台，如绿地通过注册 10 万元的有限合伙企业持股平台来控制世界 500 强绿地控股集团。

- AB 股，同股不同权。小米公司实行 AB 股，A 类股可投 10 票，B 类股只有一票，这样雷军就能实际控制公司。

- 一票否决权。对于公司重大事项的决定，没有某股东同意表决绝不允许通过，这个股东就起到反向控制公司的作用。

2. 如何做好投票权委托

投票权委托是专门为小股东设计的一条制度，也是很有效的外部治理制度，适用的前提是股权高度分散，可以把小股东投票权集中起来。

如何做好投票权委托？主要从以下三个方面着手，如图 4-4 所示。

图 4-4　做好股票权委托

- 约定明确、具体。投票权委托的约定要明确、具体，如将多少股份的全部投票权授权给谁行使，由该人员随其意愿自由行使该投票权。

- 限制转让股权。对委托人转让股权进行限制，如转让数量限制、优先购买权限制等。

- 约定比例写入章程。可将双方的约定比例写入公司章程，因为公司章程是公司内效力最高的法律文件，所有股东都要遵守。这样可进一步保证被委托人对投票权的牢牢控制。

3. 分红权与表决权可单独约定吗

企业里有合伙人担任重要岗位，但前期出资少、占股少，他觉得不公平，如何调整？可通过增发股权的方式做股权激励，让他后期通过努力获得更多股权。

分红权和表决权常见的两个问题，如图4-5所示，下面来具体回答一下。

| 分红权与表决权可以单独约定 | 投钱多的先分红，但占小股 |
| 1 | 2 |

图4-5　分红权和表决权常见的两个问题

问：分红权与表决权可以单独约定吗？

答：事实上是可以的，股东之间可通过协议，将分红权与表决权进行单独约定，不按持股比例进行，只要全体股东都认即可。

问：我是创始人，但我的朋友投的钱比我还多，他不参与管理，如何保障我的控制权？

答：可在股权比例上让你朋友占小股，但约定前期让他多分红，投资金额回本或者公司达到某一个业绩后，再按照持有的股权进行分红。

4. 签署股权代持协议时要注意哪些问题

在实际创业过程中，有时候需要签署股权代持协议，需要注意哪些问题？如图 4-6 所示。

图 4-6　签署股权代持协议需要注意事项

（1）不允许公务员、国企干部、外资代持股份。据《中华人民共和国公务员法》和其他法律规定，公务员、国企干部不能作为代持主体，内容不合规也会导致代持无效，如有些外资是不允许作为代持主体的。

（2）代持规则要详细。尽量将代持方能行使的规则制定得详细、可操作，如表决权的行使与限制、股权收益转交的方式、转让的无条件配合等。

（3）明确违约责任条款。代持是一种契约，股东是受契约保护的，对实际股东而言存在更大的违约风险，所以要明确违约责任条款。

（4）转让纳税规则清晰。个人代持只缴纳一次个人所得税，公司如果只分红，税收与个人是一样的。如果未来转让股份，平价转让无所得税，溢价转让时公司要缴纳企业所得税，分配给代持人时还要缴纳个人所得税。

股权代持其实相对于隐名股东和名义股东都有风险，如道德风险、债务风险、税务风险等，如何破解这些风险呢？

第一，要求公司出具并保存出资证明，要让多数股东都知晓股权代持事实。征得其他股东的同意，并让其他股东在股权代持协议上签字确认。

第二，起草全面的股权代持协议，其中明确约定隐名股东和名义股东的权利与义务。比如，股东会做出相关股东会决议，承认股权代持的事实。如果隐瞒股东身份，但积极参与公司管理和日常经营活动，并留存相关证据。

第三，利用股权代持协议来制约名义股东。隐名股东可事先让名义股东配偶出具书面承诺，防止名义股东离婚时配偶要分财产。

第四，隐名股东和名义股东提前可以签股权转让协议，要让隐名股东足额按时实缴纳出资，相关税收费用由隐名股东承担，且名义股东有权在相关款项中先扣除。

第五，要选择自己信得过的人来代持，最好签署双方的约束协议。要求名义股东将股权质押给隐名股东。

请注意！以下四种情形禁止代持股权出现。

其一，IPO是发行人控股股东和受控股股东、实控人支配的股东持有的发行人股份，禁止出现代持。

其二，基金管理公司的股东及受让方，不能通过代持股权处分其股权，也不得为其他机构或个人代持基金公司的股权，不得委托其他机构或个人代持。

其三，资产评估机构股东不能为他人代持股权，也不得委托他人持有自己的股权。

其四，股东应直接持有会计师事务所的股权，不得为他人代持，也不得委托他人持有自己的股权。

5. 一定要重视公司章程

如果股东协议解决的是股权架构中的个性问题，那么公司章程解决的就是股权架构中的共性问题。很多创业者以为只要简单从网上或工商管理部门下一个股权模板就可以创办公司了。

事实上，创业者要个性化设计公司章程的内容。设计好公司章程，对于想走资本之路的创业者相当重要，需要注意以下事项。

- 公司的分红权、表决权比例、董事会和监事会的职权，可以另行约定。公司章程对保证大股东的控制权具有无可比拟的优势，如股东要变更表决时，公司法规定 2/3 以上表决通过即可，即使部分股东不同意也不影响表决结果，这有利于大股东控制权。

- 先备案工商管理部门的格式文本，再提交股东会通过的章程修正案或完整版的公司章程。公司章程相当于公司的宪章，签字盖章时就生效，工商备案不影响章程的效力，对后加入的股东也有约束力。

- 所有股东签名前要看清楚公司章程写了什么，不要为了节省时间而忽略看详细内容。多数时间股东协议无法取代公司章程的作用。如果股东协议对控制权有特别约定，要把相关内容写入公司章程。

- 公司章程的作用不是按字数多少来计算的，有时一个字或一句话都可能产生严重后果，一个字甚至可能价值过亿元。因此，尽量保证表述清晰、严谨、准确，减少给他人不同解读的机会。

- 当出现多个文件相互矛盾时，签署时间可能起到决定性作用，所以不要忘了写上时间。

公司章程是进行公司控制权设计的最重要工具，千万不要掉以轻心。

6. 股东协议和公司章程谁说了算

公司章程主要是关注常态化问题，而股东协议是针对个性化需求、对未来一些预测的问题做一些规则制定。做投融资时也要在股东协议中制订有关条款做出一些保障，如优先购买权和利润分配。

股东协议和公司章程的交集处和区别点如下。

- 股东协议可能是部分或全体股东签署，公司章程则是全体股东都要签署。股东协议只对签约的股东有效，没签协议的是没有约束力的。但公司章程对公司全体股东、董事、监事和高管都有约束力，无论是否签名，都要受到约束。

- 股东协议适用于《民法典》，公司章程适用于《公司法》。股东协议可以保密，不需要到有关部门备案。公司的第一份章程必须到工商管理部门备案，后面修改的可不备案，但对外效力可能会受到影响。

- 股东协议生效后，意味着获得所有签字股东100%同意，修改也要签约方100%同意才行。公司章程不一定代表每个股东的意愿，反对的股东也要遵守已经通过的公司章程。修改章程不一定需要100%股东同意。

- 公司章程是最高效力，股东协议约定内容不能违反公司章程，修改章程要经过2/3以上表决通过才可以。

- 股东协议约定后，要同步修改公司章程，以免造成冲突。

- 可以约定股东协议不与公司章程冲突下，视为股东的最高法律效力。

- 公司股权结构发生变化，要跟新股东签订补充协议认可股东协议的效力，或由各方重新签署股东协议。

当公司章程与股东协议互相矛盾时，究竟以谁为准？

第一个，看时间顺序，以后立的为准。

第二个，看制定规则，当股东协议中明确约定"如果公司章程与股东协议不一致时，以股东协议内容为准"，那就以股东协议为准。

第三个，如果订立的时间顺序相同，也无明确的制定规则，一般偏向于以公司章程为准，因为它代表公司在工商局的登记备案。

但是股东协议最好每一项条款都逐字逐句推敲，一字之差很可能引来以后的股东纷争，更可能会直接影响法院的判决结果。

【小结】

掌握董事会和管理层当然是控制公司的最好方式。除了股东协议和公司章程能控制公司外,还有很多可行的方式,如表决权委托、一致行动人协议、有限合伙模式、AB 股、限制性条款等都是可行的。

- 表决权委托要考虑可行性、安全性,最好做公证,如果不公证,建议写进公司章程。

- 大股东牵头做一致行动人协议,通常是为了与外部势力对抗。一致行动协议看的不是人数,而是合计股份。

- 有限合伙企业因为权利分割、权利分明,所以能以极低的运营成本获得高效的决策,不需要交企业所得税,提高了投资效益。有限合伙企业还可以在 A 股上市,有便捷的退出通道。

- 限制性条款包括一票否决权、董事会委派权、对股东会通过比例的限制。

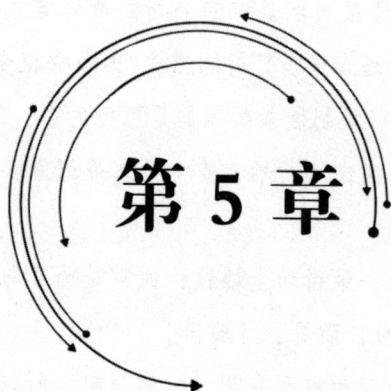

第 5 章

洞察股权融资的内幕

很多创业者喜欢一厢情愿，认为只要技术牛就会有投资人追着投。其实作为创业者，应懂得资本思维和投资逻辑，了解投资公司内部工作的流程，预防假投资人的陷阱，掌握与投资人沟通、掌握估值、尽调和路演的技巧，这样你通过股权融资成功的概率就会更高。

5.1　如何了解投资公司的工作方法

【小案例】

东莞的一位创业者张亮做工业机器人项目，为了生产线的改造，在用工成本高企、生产效率越来越低的背景下，他的项目赛道选择还是有前景的。

他通过熟人介绍，认识了一位专投机器人领域的投资经理小劳，小劳很热情，时不时到张亮的公司跑一跑，让张亮把商业计划书不断优化，说他要上会了，应该通过的机会会很大。

于是，张亮还经常请劳经理吃饭、休闲，也花了不少钱，认为融资的成功可能性很大，毕竟劳经理这么欣赏自己的项目。基本上他把劳经理当作自己的融资顾问，甚至想赠送 5% 的股份给他，以感谢他的帮助。每次劳经理提出的要求，他都会尽量满足，并且按照他的要求去改，因为他觉得这样离融资成功就更进一步。

就这样过去快半年了，但是劳经理始终没有说公司表决通过了，只是说快了快了。张亮有点心急，担心劳经理是不是故意拖着不投，想去劳经理的投资公司交流一下，而劳经理总是以合伙人没时间为借口来拒绝，说他觉得可以就问题不大。但最终张亮通过别人打听到，在这家投资公司里劳经理根本没有话语权，需要合伙人上投委会表决才能通过，劳经理只是刚从大学毕业来投资公司实习的，做的是投资助理的岗位，名片上虽然印的是投资经理，但实际是为了更好地跟创业者接触，通过实际工作来练手，根本没有任何投资经验和影响力。

张亮找到劳经理，问他为什么不带他去投资公司见合伙人，劳经理只好说，这个项目三个月前他就在公司上了内部会议，被否决了，但是他还是觉得很可惜，所以一直还是坚持看好这个赛道，也一直在跟进这个项目。

张亮白白浪费了五个月的时间，跟一个没有话语权的投资助理耗费了时间与精力。虽然浪费的金钱不多，但是项目发展错过了大好时机，导致现金流也不多了。

【全拆解】

张亮项目股权融资之所以没有成功，原因是他不知道投资公司内部的工作流程是什么，跟一个没有决策权的人耗费了大量的时间。所以，懂得投资公司内部的工作流程与方法很重要，这样沟通起来效果会好很多，从一开始就要按照投资公司的逻辑与规则做好融资计划，以求达到事半功倍的效果。

5.1.1 投资公司的岗位、薪资水平如何

张亮不懂得劳经理在投资公司是个什么具体的岗位，这个经理的权力有多大，劳经理说他对项目很有把握，但是最终却被合伙人否决了，张亮还一直被蒙在鼓里，白白浪费了宝贵的时间。作为创业者，要了解投资公司一般的岗位设置，如表5-1所示。

表5-1 投资公司各岗位分工

类　别	岗　位	主要职责
合伙人级	主管合伙人、创始人合伙人、合伙人、投资合伙人	负责募资、管理

续表

类　　别	岗　　位	主要职责
高级投资管理级	董事总经理、执行董事、董事、副总裁、投资总监、副总监、投资主管	负责某一细分行业的投资
基础投资管理级	投资经理、分析员或投资助理	负责所有日常投资事务
其他投资职务	入驻创业者、外部顾问团队	提供行业趋势、行业信息和项目来源

第一类是合伙人级：有主管合伙人、创始人合伙人、合伙人、投资合伙人等。这是投资公司最高级别的职务，负责募资、管理，一般是投委会成员。

第二类是高级投资管理级：有董事总经理、执行董事、董事、副总裁。董事总经理负责某一细分行业，需要有投资经验与业绩要求。还有投资总监、副总监、投资主管，负责找项目、谈项目等。有的公司设有副总裁，但只相当于投资经理岗位。

第三类是基础投资管理级：有投资经理、分析员或投资助理。投资经理是创业者在路演现场见到最多的，他们负责所有日常投资事务。而分析员或投资助理是毕业生进入投资公司的第一个职务，负责一些文书与分析调查工作。

第四类是其他投资职务：入驻创业者，其实他们是成功的企业家，适时被派去管理投资项目，或者全职做投资。外部顾问团队：包括大学试验室、研究机构、行业协会、知名大公司、科技园区、投资银行的相关人士等，主要提供行业趋势、行业信息和项目来源。

事实上，我们平常说的投资公司是私募基金管理公司，他们就是普通合伙人（以下简称 GP），而真正出资的是有限合伙人（LP）。目前国内普通合伙人（GP）有专家型、蜜蜂型和孔雀型三类，如图5-1所示。目前蜜蜂型占比最大。

图 5-1　国内普通合伙人（GP）类型

庞大的有限合伙人（LP）群体包括政府资金、家族企业、第三方平台、明星和保险等机构。

LP想出资给GP成立基金，选择GP主要从以下几点展开。

- 看GP的股东背景与自己利益是否一致。
- 看团队是否稳定，以往投资业绩、利益分配。
- 看投资策略和风格，专注的行业是否有竞争优势。
- 看治理结构、筛选项目和投资决策是否严谨。
- 看是否有投后管理能力、掌握市场动态和经济周期风险的控制能力。
- 看合规与合法，是否及时披露。

很多人以为投资公司的工作人员的薪酬一定很高，其实不然，据招聘网站统计分析，投资公司员工普遍的月工资就是税前1.6万~2万元，中后台人员（除投研、投资岗位之外的人力、财务、法务等管理支援岗位）的平均工资要高些。

如图5-2所示，投资公司是靠LP投资额的2%作为管理费，如管理2亿元的规模，那么管理费就是400万元，如果投资的项目有收益，那么收益的20%是分给投资公司的，80%分给出资人LP。

但是一般项目从投资到退出需要五六年的时间，有的投资经理不一定能等到项目成功退出就已经离职了，这个业绩奖励他就不一定能拿到。

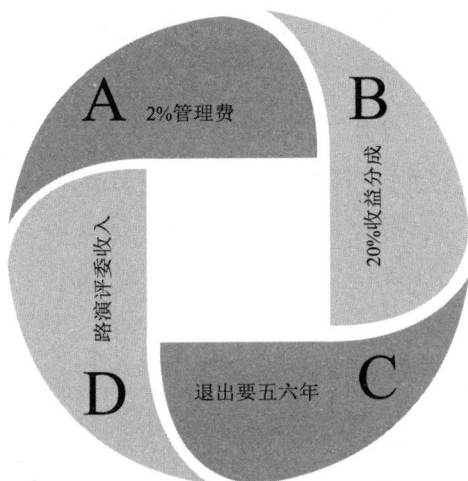

图 5-2　投资公司的投资收益与周期

如果投资人被邀请去参加路演活动担任评委或者会议演讲嘉宾，也能从主办单位获得一些劳务收入。

5.1.2　投资人的专业要求与考核标准有哪些

1. 投资人的出身不一定是金融或财务专业

风险投资人并不都是金融背景出身，因为财务科班出身的投资人大都喜欢根据财报来评估可投性，然而参考经济模型估算走势，这样反而不利于发现有潜力的项目。

工程师、产品经理背景的投资人对技术和产品认知、商业记者背景的投资人有广泛的社交能力。

战略投资人主要是上市公司、BAT 非金融企业的投资部门，或者独立出来的有投资公司工作经验的投资人，腾讯主投文娱游戏业务，阿里主投消费和电商，百度主投人工智能。

新人找投资的工作，首选是头部机构，投资人的职业路径不像其他行业可通过机构跳槽的方式来实现，当然也可以选择细分领域上投得非常好的机构。

投资研究方法没法一招鲜吃遍天。早期项目主要看市场需求，即用户有多喜欢这家公司的产品。成长期项目主要看行业的竞争格局，看公司如何建立起"我有，别人没有"的壁垒。成熟期主要看商业模式，还要预判行业终局，思考自己的投资行为能否整合资源，提升行业效率。

若干年前刚从事投资行业时，与一位投资界大咖聊天，问做投资是否一定要金融专业，得到的回答是最好是跨界人士并具备海量的跨学科阅读能力。

• 做投资要掌握各个学科最重要的智慧，构建属于自己的思维体系，在快速变化的市场中寻得洞见，其中金融知识是最基本的。

• 还需要掌握商业规律，全面回顾历史的曲折演进，通晓时事的来龙去脉，更要洞悉人们的内心诉求。价值投资不是数学或推理，不能纸上谈兵，必须像社会学的田野调查一样，理解真实的生产生活场景，才能真正掌握什么样的产品是消费者所需要的、什么样的服务真正有意义。要在研究不同企业的历史发展轨迹时，找到投资亮点。

• 方法和策略能够战胜市场，但对长期主义的信仰却能够赢得未来。理解所处时代的商业演进甚至商业史，是开展投资研究的第一步。分析能力是投资人的基本素养，因为投委会成员和公司领导不可能全身心去跟进一个项目，甚至不会到企业进行实地调研，前期工作都是由投资团队来完成的。

• 要架起"望远镜"去观察变化、捕捉机遇；同时用"显微镜"研究生意的本质，看清它的"基因""细胞"，还有"能量"。

• 投资决策的起点是对行业的深度洞察，包括供给端的变化趋势、行业环境的历史演变和生意模式的本质，思考什么样的企业值得持有 10 年以上。很多优秀项目会因为窗口期、估值、融资额度、更好标的出现等原因，在初选、立项、终审等阶段不断被放弃。

• 做好前期的研究工作，从收集材料中筛选出有科学依据的部分，与高管、业内专家访谈后形成有见地的分析报告。做投资，复合型能力、强健的身体素质也很重要。

2. 投资高手的必经之路

新手投资人强调模型化的研究方式，而像徐新这样的"风投女王"追求的是真正创造价值的公司。这是普通投资人与投资高手的差别所在。

京东早期的自建物流和配送团队，从 3C 为主转型一站式消费平台，这些重资产当初并不被看好。而徐新认为，把买书的用户服务好，他们自然会在京东上买其他品类的商品，自建仓储极大地加速了物流在城市群内部以及城市群之间的流通速度。

今日头条当时是家小公司，也没有竞争力，但信息分发机制和推荐引擎，很快把门户网站时代的编辑人工推荐机制甩在了后头。普通投资人是看不到这种公司价值的，觉得不可思议。

如图 5-3 所示，真正创造价值、能跳出研究框架、识别出优秀公司，这是投资人修炼成高手的必经之路。

图 5-3　投资高手的必经之路

平时我们在各种路演现场看到的基本是投资经理或总监类的普通岗位，要想修炼成投资高人，要有以下四个经历，如图 5-4 所示。

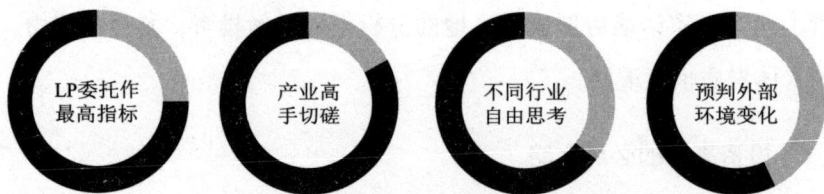

图 5-4　修炼成投资高人的四个经历

（1）LP委托作最高指标。要把LP的委托当作最高指示，不能随心所欲凭自己的喜好去投，要对人性有深层次的认知。

（2）产业高手切磋。要掌握一些产业背景，跟长时间在某个产业有历练的高手多切磋，在评估项目时做到心中有数。

（3）不同行业自由思考。要把不同行业联系起来自由思考。比如，游戏与制药的共性是核心资产开发风险大，需要反复被创造。所有商业模式都面临其他领域的竞争，如智能手机打败相机，外卖打败便利店。

（4）预判外部环境变化。如新能源行业的补贴政策变化、主板与中小板合并的变化、北交所成立对新三板带来的影响等。

3. 投资公司不会有人带你

投资公司基本没有太多新人培训、企业文化的学习等标配管理动作。第一天报到有可能就通知你出差去做尽职调查。投资公司其实就是LP出资让GP来管理基金的一个平台，将平时擅长单打独斗的投资精英聚集在一起，让他们在互相沟通，甚至互相挑战中快速提升，投出不错的业绩，回报LP，如图5-5所示。

适合自己　　时间分配　　个性化　　独当一面的
的方式　　　逻辑　　　　差异　　　能力

图 5-5　投资人的差异

（1）适合自己的方式。每个投资人都要找到适合自己的投资方式，不轻易变道，一般根据自身的经历甚至性格，找匹配度高的方法。

（2）时间分配逻辑。投资方法影响时间分配，可以看投资人日常集中把时间用在哪些地方，从而深刻理解他的投资逻辑。

（3）个性化差异。有对人很敏感的投资人，肯定也有对数据、趋势、商业模式敏感的投资人，他们会自上而下，根据宏观形势和政策趋势去找项目；有的则会先结合运营数据、财务数据，从内向外研判企业价值。即使是同一个投资标的，每个投资人第一眼看到的东西其实有很大差异。

（4）独当一面的能力。进投资公司工作，不要希望会有人来带你，一切靠自己个人独当一面。

4. 投资公司的考核机制

投资公司的待遇没有大家想象得那么高，除了基本底薪外，投资公司还有哪些奖励机制呢？让我们来具体了解一下，如图 5-6 所示。

图 5-6　投资公司的奖励机制

（1）前端推荐项目奖。就是新人推荐项目过投委会之后会奖励一笔钱，但成功退出的话，业绩奖励还是要分给高级别的人。

（2）业绩报酬。投资机构中的投资人有机会主导从投资、投后管理到退出的整个流程，而不同职级的投资人都有可能分到业绩报酬，如果投资回报可观，这份报酬还是很丰厚的。

（3）立项奖。有的机构对新人考核是一个季度往立项会上推了多少个项目，标准是以能上立项会的数目来定，当然也有质量问题；而老投资人当然是想找到值得投资的项目。

有投资人抱着"投成功是自己的，搞砸了反正也是LP的钱"的心态，基本是待不了多久的节奏。在投项目时，要有意识地思考自己对LP的责任，这样才是具备受托人责任的投资人，不能简单理解为创业者送钱，而是为LP赚钱。

5.1.3　投资人的逻辑和研究方法

1. 投资人看项目的"1234"原则

总有人问到底投资人是如何确定这个项目是否值得投的？其实没有标准答案。但有一定的共性可借鉴，可用"1234"原则来高度概括：

1是一个指标，就是高成长性指标。比如，行业天花板、企业家和核心团队、企业的技术能力；

2是二元维度，一是人，二是事。其中，人是决定因素。事，是指选对行业赛道；

3是三种方法，辩证法、比较法、加减法。辩证法是指要辩证去看行业的冷与热、投资时点的把握、估值高低的谈判。比较法是拿同行业的上市公司获取发展历程、产品与模式、技术与客户、财务指标等做比较。加减法是尽调上会时要对有利因素加分，不利因素减分；

4是四类思维，生态系统、周期性投资、极限与常识、经济护城河。生态是指商业闭环，周期性是指宏观形势、企业发展周期、企业家经营及生命周期。极限与常识是指符合最基本原理。经济护城河有五个壁垒：无形资产、顾客转换成本、网络效应、成本优势、规模成本优势。

你的项目也可以拿出来对比一下，看看是否符合这些"1234"原则。

2. 投资人如何初步识别项目是否可行

投资人通过各种渠道接触到项目后，首先会看这个项目是不是自己所关注的领域和阶段。比如，自己是投新消费领域的早期项目，刚好这个项目也是，那么就先关注这个项目。

投资先投人，首先看创始人是否有同理心，能理解消费者、员工甚至竞争对手，团队是否优秀并且能互补，最怕 CEO 搭建的团队里没有一个熟人。

其次看成本，关注广告投放额、新客数量、获客所需时长等数据，动态地评估获客成本曲线。

最后看业务，结合用户数量、市场空间、市场占有率等非财务指标，衡量业务是否是来自用户真正的需求，能否为用户创造价值。

如果都还不错，那就看竞争，拿产品营收、现金流和利润与同行对比，找出潜在的问题，对是否在竞争过程中形成壁垒非常谨慎，过度竞争很容易把整个行业搞垮。

当然，投资人对于不投的项目，也会持续跟踪他们的成长情况，隔几个月和他们交流沟通。

3. 投资的概率认知

传统企业渠道是核心资产和成本重心，但互联网要更多围绕用户做文章，渠道成本趋零。比如，之前买报纸最终消费的只有自己感兴趣的某版面，现在更多深度垂直媒体出现想得到精准用户，如今日头条。

很多投资人经常会想：下一个风口在哪里？后一轮投资机构会喜欢什么样的项目？BAT 会接哪家公司的盘？他们在总结人生、尝试、概率等事件之间的关系后得到三点启发，如图 5-7 所示。

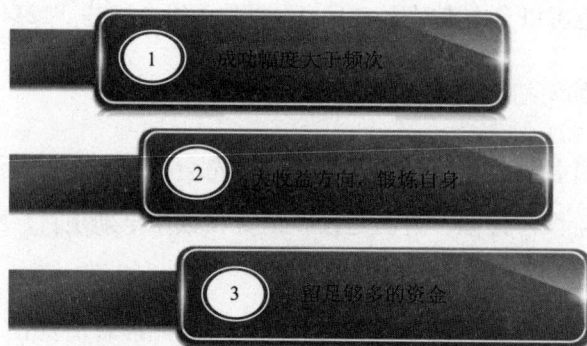

图 5-7　人生、尝试、概率等事件之间的关系

（1）成功幅度大于频次。成功幅度比频次更重要，追求成功不意味着单纯追求高风险，而是要追求高期望价值。

（2）大收益方向，锻炼自身。想得到高期望价值，除了选择大收益的方向，还要不断锻炼自身，努力提高实现理想结果的概率。

（3）留足够的资金。概率再高也不是必然事件，要给自己预留充足的资金，尝试更多的机会。

4. 私募股权投资的四个基本准则

成功的私募股权投资者，在做投资决策前，都会把握这四个重要的准则，不是随心所欲地乱投，如图 5-8 所示。

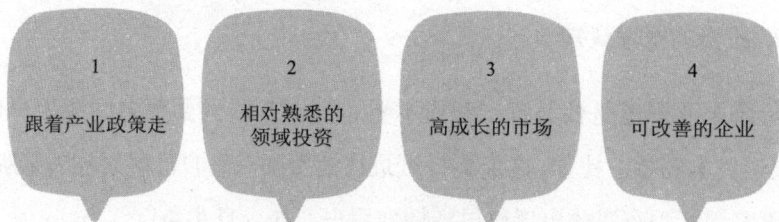

图 5-8　私募股权投资的基本准则

（1）跟着产业政策走。紧跟国家产业政策走，把握未来的趋势，调整产业政策时就是一个很好的投资机会。

（2）相对熟悉的领域投资。要在相对熟悉的领域内投资，如生物制药领域，一般要求项目公司具备博士以上的专家人才很多，否则会导致失败。

（3）高成长的市场。专利技术并不代表市场，企业过于追求高精尖，可能不利于产品的商品化，甚至错失市场。只有高成长的市场才值得投资。

（4）可改善的企业。新旧行业转换也是很好的契机，不必找到完美的企业，找到有办法可以改善的企业。

投资公司除了投钱外，还要构建自己的服务体系，整合资源能力，为被投企业提供额外的价值。

现在投资越来越趋向谨慎，如夫妻合伙的企业，要调查婚姻的稳定性。还可以与其他投资机构一起投，以降低风险、资源共享。

5. 如何做好项目研究

每个投资公司都有自己研究项目的方式与策略，但是总结大家的主要方法，基本可以按照以下八个步骤来进行，如图 5-9 所示。

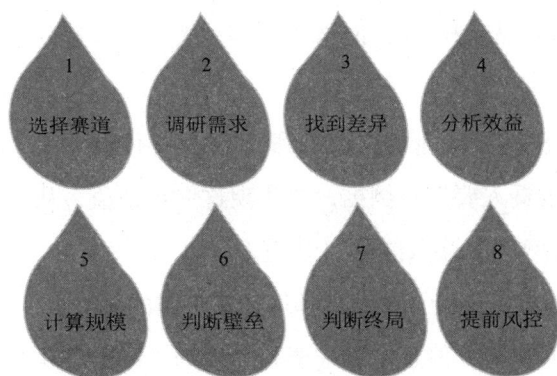

图 5-9　项目研究的八个步骤

（1）选择赛道：找准细分市场总比盲目找项目重要；投资人不可能擅长

任何领域，一般投资人会关注自己专注的领域，平时也经常分享该领域的最新研究成果、项目融资情况。

（2）调研需求：少数人的现有需求是比较好切入的需求；需求有很多种，不少项目的需求其实是创始人想当然的伪需求，投资人关注的是少数人的现有需求，这样对于初创项目是比较好的切入点。盲目追求大而全的需求，反而不容易把项目做成功。

（3）找到差异：项目能否跑过行业领头羊，有质的变化；投资人当然想投到行业的独角兽，所以对于项目的成长性非常在意，它能不能在行业里成为领军企业，是决定是否投资的重要因素。

（4）分析效益：项目的盈利模式可通过最小运作单元看；项目如果还早，财务模型肯定不是很好计算，只能通过最小运作单元来做测算，以后的效益是否值得投资。

（5）计算规模：项目成长的天花板有多少，可以推算；通过最小运作单元测算后，可以进一步进行规模计算，大致能推算出项目成长的天花板有多高。

（6）判断壁垒：专利、品牌优势、规模经济、网络效应；通过统计分析项目拥有的专利、品牌活动、网络效应等，来判断项目的壁垒是否符合投资要求。

（7）判断终局：从行业终局回溯到公司的估值能否实现；比如，公司目前估值一亿，投资人要进行倒推，要实现这一亿估值，从现在开始，这些团队和模式能否实现，多久能达到10亿估值。

（8）提前风控：与会计师、律师等把握不同的风险点，看是否能防止。虽然投资肯定有风险，但是投资人要与会计师、律师等从业务、财务和法务"三务"去提前进行风控，降低投资风险。

以上八个项目研究的步骤，值得我们好好研究和学习。

6. 早期项目的投资逻辑

早期项目主要是投人，但关键是要看团队、市场规模和数据与边际成本三个方面。作为创业者，我们想成功融资，也需要从这三个方面去着手，在团队建设、扩大市场规模和把握边际成本上下功夫。早期项目的投资逻辑主要包括哪些呢？如图 5-10 所示。

图 5-10　早期项目的投资逻辑

（1）看团队，主要是看是否是一个团结并有竞争力的团队，情商高，擅长沟通，有足够坚持的韧性，以及细分领域是否有深厚的行业背景。优秀的创始人都具备这四点能力：学习能力、组建牛人团队的能力、超强的执行力和抗压能力。

（2）看市场规模，在某个细分领域有一个大市场，增长快，竞争少，不受供应链控制，替代品少，抓住一个细分市场，准确和凶狠地切入。这是项目能快速做大的不二法宝。

（3）看数据和边际成本。以下数据可信度是这样排序的：创业公司净利润 > 毛利 > 收入 > 流水 > 订单 > 创业团队在其他公司的业绩。

创业者只有了解投资逻辑，你的创业之路才会更顺畅。

7. 投资人做研究的方法有哪些

做投资需要关注"三赛"：赛道（领域）、赛马（项目）、赛手（团队）。懂得投资人如何做研究，你就能更快知道创业的重点，因为你把创业重点全抓住了。

投资人做研究的方法有哪些呢？如图 5-11 所示。

图 5-11　投资人做研究的方法

（1）主要步骤：查找行业报告，概算核心数据，随时更新数据，进行定期复盘。

（2）收集渠道：图书馆政府统计数据，咨询公司查找，专业门户网站去查，上市公司招股书、年报，行业协会、券商行研、投资机构实战报告。

（3）深度调查：约谈同行、行业媒体人、产业代表企业、竞争对手，约谈需要技巧，最终答案是你想要的。

（4）投资地图：分清行业边际与细分领域，分析上下游真正的关系，准确找到对手的优势，通过信息重组、优化得出结论。

（5）多维度计算：要计算存量市场和潜在市场规模多大，互联网渗透率有多高，竞争集中度的比率，以及复合增长率处于什么水平。

【小结】

创业者在融资过程中为什么成功率很低？主要是对投资公司的工作方法、流程与规则不了解，建议创业者主要从以下几个方面去了解。

（1）了解投资公司的岗位与薪酬，对于各个岗位的分工与职责要熟悉，懂得每个人的决策权，对于融资很有帮助。

（2）了解投资人的专业要求与考核标准，因为只有创业者了解了这些，自己创办的项目就会尽量符合投资人的要求，这样成功率就大大提高了。

（3）懂得投资人的"1234"原则的投资逻辑和研究方法，特别是"三赛

（赛道、赛马、赛手），创业者要在创业领域、项目竞争力和团队方面发力。

5.2　如何找到真正的投资人、预防假投资人

【小案例】

广州的黄小阳在做一个智慧医疗的项目。他通过一场创业路演活动的机会，在线上微信群里加了一位自称北京 IDG 资本合伙人张赛的微信。事实上他也没有见过这位张总。黄小阳上网查到 IDG 资本确实有一位叫张赛的合伙人。黄小阳觉得十分开心，时不时给张总发一些项目的进展。

这位张总也很热情，每次还会针对他的项目做一些点评，然后给些"加油"之类的鼓励话语。黄小阳觉得自己很幸运，居然能跟一流投资公司的合伙人成为朋友。

后来，张总主动说公司投委会准备对黄小阳的项目进行上会投票，但是商业计划书不符合上会标准，向他推荐了北京一家做优化商业计划书的财务顾问公司，但不强求一定要找这家公司。

黄小阳二话没说，就加了张总推荐的顾问公司负责人的微信，结果对方说 IDG 资本上会对商业计划书的要求很高，需要 2.8 万元才能优化好。黄小阳心想，自己计划融资几百万元，这区区两三万元也花得值，就直接把钱转过去。

过了半个月，优化过的商业计划书发过来，还别说，商业计划书内容更加丰富了，还加了一些动画与图片，看起来确实丰富多彩。黄小阳马上

把优化好的商业计划书发给张总，张总表示很满意，说会马上上会投票，让他等消息。

没想到过了两个星期，张总告知说项目上会通过了，但是投委会觉得还是有风险，想让黄小阳找第三方机构出具一份投资风险评估报告，像上次一样找一家第三方机构出具报告，IDG资本不参与。这次张总又推荐了一家公司，报价是6.8万元，张总说也可以让黄小阳自己找别的公司出具。黄小阳开始觉得有点不对劲，但心中不知道该怎么办。

一次偶然机会，他加入我的"创业融资实战群"，我在群里分享如何鉴别假冒投资公司的技巧，同时他也关注了公众号"创投智达"，没想到所谓的IDG张总的伎俩跟我讲的一模一样，基本都是连环套。于是，我让他把这位所谓IDG张总的微信推给我。我找了北京IDG资本的好几位合伙人来帮忙鉴别是否认识张赛。结果让黄小阳非常惊讶，这人居然是假冒的，他的微信头像与IDG官网上的照片一模一样。但真的张赛微信不是这个，他也从来不认识黄小阳。

黄小阳这下明白了，自己落入了一个假冒投资人的圈套，幸好只是被骗了2.8万元。

【全拆解】

对于初创项目的创业者，找到投资人这件事本身就很难。还要让他们鉴别这个投资人是真是假，就更难了。据不完全统计，很多创业者曾被各种培训、中介、顾问骗去几万元、十几万元甚至上百万元，不仅浪费了时间与金钱，项目的融资也丝毫没有结果，甚至他们对创业的信心也被彻底摧毁！

那么，如何找到投资人？又如何鉴别假冒投资人呢？

5.2.1　找投资人必须要通过熟人找

如果你多次跟投资人联系，每次都杳无音讯，你就应该反思为什么。要么是你的项目确实不值一提，要么是你根本没有找对融资渠道。

比如，你的项目到底适合找个人投还是机构来投？估值、股权是否清晰，创业者自己心中是否有底，还是随口一说？

商业计划书好像是有了，但废话连篇，投资人感兴趣的点却没有一个，想找人代写却舍不得花钱，自己照着念都越念越没信心，整个逻辑都是混乱的。

对于投资人，创业者要主动去了解他们专注于哪些阶段的项目，主投哪些领域。如果见到投资人就瞎投商业计划书，对方很可能懒得理你甚至拉黑你。

接到所谓投资人的电话，给你发一个项目评定书，甚至投资意向书，是不是就令你欣喜若狂了？其实很可能陷阱正在一步步向你靠近。

现在融资要通过熟人去联络上门交谈，这个融资顾问最好是他曾经做过投资，懂得各种投资内幕与套路，协助你少走弯路。

创业者到底该如何与投资人打交道呢？以下是我的一些建议，仅供参考。

- 什么时候去见投资人？要提前做功课去研究投资人，他是做哪个阶段的投资，以及投资有哪些偏好。
- 见投资人之前要想好三件事：一是你为什么要做这件事，二是为什么只有你能干这件事，三是你打算怎样实现这个目标或做好这件事。
- 不要找专业不对口的投资人谈项目，否则你会很生气。
- 如果能把投资人当作你的朋友，双方自然会开诚布公地谈很多事情。
- 一个投资人不理你了，别太放在心上，但你要学会自省。如果自身有不足，下次改进。

- 即使是之前做过投资、现在做融资顾问的人，你跟他接触后也是一段长期交往的开始。千万别指望人家会全程免费帮你。你连喝杯茶、请吃顿饭都舍不得，那人家怎么看你？

- 千万别上了几堂"资本培训课"，就去指责投资人。只要你够真诚、大方，即使投资人不投你，他也会介绍其他资源给你。

1. 要懂得投资人的行业语系

投资人为什么会放弃 99% 的项目？

因为他们手上有个长长的、按优先级排序的项目清单，如果排不进清单的前五名，他们通常会选择放弃。

他们通常会先看领域，再看团队及是否具备做大的潜质，然后才会去进一步做了解。跟创业者交流后，常见的典型答复如下。

"如果你能找家投资公司领投，给我电话，我们会考虑跟投。"

"商业模式不错，如果有一定数量的用户，我们再谈谈。"

"公司现在规模太小，下一轮我们可以投资，保持联系。"

"很不错，我们内部再讨论一下。"

投资人为什么不直接跟你说不投呢？因为那样他可能将自己彻底排除在一个潜在项目的大门之外。而负责任的投资人往往会明确拒绝或说明原因，告诉创业者目前他不感兴趣，但是如果在哪些方面有进步，以后可以考虑。这样实际上给了创业者一颗定心丸，也指明了努力的方向。

2. 创业者要学会反问投资人

当"知名投资人"口若悬河地跟你讲他的光辉业绩时，你要注意关注以下几个重点。

- 这些内部收益率（简称 IRR）是几年的成绩？是毛收益率还是净收益率？是账面净值内部收益率还是现金内部收益率？

- 有些光辉战绩可能是 10 年前的业绩，你可以问他最近两三期基金的情况。因为 5 年以前的业绩参考性要大打折扣。

- 投资公司官网会列出很多投资人的成功案例，你要看是不是他主投的，还是说他只参与了某项目。鉴别方法就是看那家被投公司中的董事是不是他，如果是，一般是由他主导投资的。

- 当某投资人说，我们基金有几十亿元或上百亿元的规模，投资过百度、小米、京东、字节跳动等，那只能代表他所在的公司的业绩，并不能代表他个人有多大能耐。

- 要问投资公司最近一个成功项目是什么？他是第几轮投进去的？投资多久后上市的？他本人主导了哪几个项目？

有的投资人也到处看项目，做路演嘉宾评委，但基金好久都没募到钱了，他只是想保持在投资圈的存在感和曝光度，不然别人还以为他不在投资圈了。

3. 吸引投资人的小技巧

创业者通过各种渠道找了投资人，上培训班、上电视、交钱给中介公司等，却不知道投资人是否真的感兴趣。这时创业者需要准备三份文件（见图 5-12）：一页纸的项目简介、16 页的商业计划书、完整的财务预测。

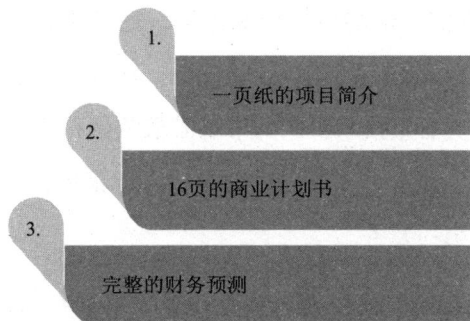

1. 一页纸的项目简介
2. 16页的商业计划书
3. 完整的财务预测

图 5-12　创业者需要准备的文件

（1）一页纸的项目简介。网上找或者通过熟人介绍，找到专业对口的投资人邮箱或微信，把一页纸的项目简介发过去，当然要附上一些得体的语言和核心数字。

（2）16页的商业计划书。如果投资人看了一页纸后很快回信，找你要详细的BP，你就把16页的PPT发过去。

（3）完整的财务预测。如果他看了你的16页BP后，问有没有详细的财务预测计划，那么你发过去，等着他约你见面喝咖啡或者到会议室详聊。

4. 参加资本培训班有用吗

不少培训机构打着投资公司的名号，以成长融资上市流水线的套路无限夸大资本力量，其实是在误导创业者。通过分班打旗帜、实战竞赛、投融资对接、资本生态圈等花样，让交费的创业者幻想有一天能实现IPO敲钟的美梦。

• 融资也要量力而行，要考虑融资成本与时间窗口，选择最佳的融资方式，通过熟人直接找到投资公司的合伙人洽谈，而不是找那些在培训课上的所谓"投资人"，那些都只是在作秀。

• 对于项目的盈利前景不要想当然地以为高速成长，建议从计划投入的资源总量，调查潜在客户和竞品，计算相互之间的转换率，测算出销售额。

• 给投资人真实可信的市场份额数据，光有创意是不可能融到资的，一定要提及竞争对手的情况。如果是技术出身的创始人，不要过分解释技术的内容，投资人更看重技术带来的市场需求及盈利能力。

要学会与投资人讲价，不好融资时可以降低报价，现在经济大势不佳，学会快速融到钱是第一要务。

5. 如何选择投资人

选择投资人时应关注4个方面。

（1）目标是否一致

初创公司确实很缺钱，但要了解投资人手中掌握的资源是否与公司期望和目标一致，不要盲目地确定投资人。

（2）审查投资人

创业者也要对投资者进行审查，要做到知己知彼，有的投资人即使投了钱，也会破坏项目的长期健康发展。你可以去了解他的成功案例与主要业绩，投资人投资的项目有没有与自己的项目形成合作，投资人是否充分信任你的团队，他说的那些资源是否真的靠谱。

（3）投资主体

对于投资主体，一般有自然人、公司、有限合伙等形式，不要让金融产品的形式来投资公司。

（4）融资的目标

引进投资人时，要能解决资金、资源等瓶颈问题，拓展新的业务版图，还能改善公司治理结构是最好的。

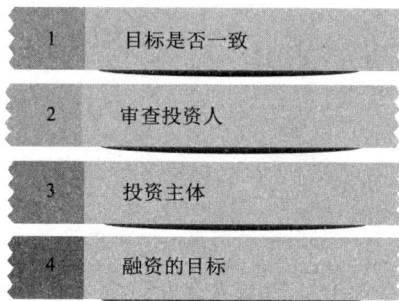

1	目标是否一致
2	审查投资人
3	投资主体
4	融资的目标

图 5-13

由图 5-13 可见，不少早期创业者找投资人都奔着他们的名气去，一些知名机构资金也足。其实资金和名气只是基本需求，并不是唯一标准。

选择优秀投资人至少需要考量四个方面的维度。

第一，能否提供全面的资本运作服务。企业运作好坏关乎企业增值与效益增长。初创者对资本运作不熟悉，如果投资人能为创业者提供资本运作服务，资本之路将会更加顺畅。

第二,是否具备资源整合能力。纵向产业链是指相关的上下游合作资源，横向资源是把周围一些资源进行整合。

第三，能否实现规范管理。投资人能在招揽人才、培训新人、管理员工等方面给创业者提供规范管理的建议。

第四，是否愿意帮助解决疑难杂症。投资人见多识广，资源多，可以为创业者提供专业的增值服务。

6. 对投资公司发起反调查

创业者可以反向调查投资公司吗？当然可以！一般来说，北京清科集团和北京投中集团排行榜中列出的投资公司相对专业，可以值得信赖。

创业者怎样对投资公司发起调查，确定这家公司是否值得沟通与交流呢？主要从以下三个方面着手调查，如图5-14所示。

图 5-14　对投资公司发起反调查的三个方面

（1）基本背景调查：上征信网或官网了解投资公司的成立时间、规模、投资的成功案例，一般查它的对外投资案例，对投资领域、阶段和金额都要了解清楚。凡官网自称能提供融资上市一站式服务的、有大量会议图片的都是培训、中介服务机构。

（2）价值分析：分析投资公司合伙人团队的人数和他们所投后的管理项目是否匹配，有的投资公司规模大，但合伙人就只有几个人，它是不会给你带来人力、资源、融资等方面价值的。

（3）财务投资还是战略投资：财务投资一般是为了赚钱，不会染指公司控制权，而战略投资可能是为了资产重组、并购等，找战略投资时要弱化其对公司控股权的要求。

7. 对投委会的三个误解

大家知道投资公司都有个核心机构叫作投资决策委员会，简称投委会。普通创业者对投委会有以下三个误解，如图 5-15 所示。

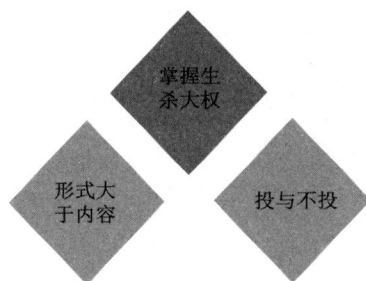

图 5-15　对投委会的三个误解

• 掌握生杀大权。一般都认为投委会成员肯定是掌握项目生杀大权的高级岗位的投资人，但实际上投委会成员包含合伙人，还包括对赛道比较熟悉的投资人、风控和财务方面的成员，以专业性为主。

• 形式大于内容。一般认为投委会的流程是表演性质，形式大于内容，实际上从项目的初步尽调、合伙人的关注点、书面文件的分析都是投委会要研究和讨论的内容，投资决策是一个反复沟通研究的过程，不只是投票这么简单。

• 投与不投。一般认为投委会就是决定投与不投、投多少钱的问题，包括估值与占股比例，但事实上还要讨论项目本身的价值、能否上市、投后如何管理等全面问题，做出综合判断。

总之，投委会不只是投票表决的机构，是一个综合分析、研究、讨论后做出决策的中枢组织。

8. 投资需要第三方出具评估报告吗

经常听创业者说投资人需要第三方公司出具所谓的《投资风险及收益的评估报告》。其实一看这样的公司就是不靠谱的，为什么这么说呢?

首先，正规流程是投资人看过 BP 和创始人交谈后，如果觉得项目还可以，就会到公司去初步尽调，不行就会放弃。

其次，初审立项通过，就会开展正式尽调，并形成投资报告上会，这其中是否有投资风险和收益，这是投资人要考虑的，怎么可能让创业者花钱去所谓第三方去出具这份报告呢?

最后，最终是否投资，不是凭这个第三方报告就能决定的，是由投资公司投委会上会讨论投票通过的。

所以，各位创业者，只要听说要你出具第三方风险评估报告的，务必拒绝，小心上当!

图 5-16 所示为正规投资公司工作流程的六个主要步骤。

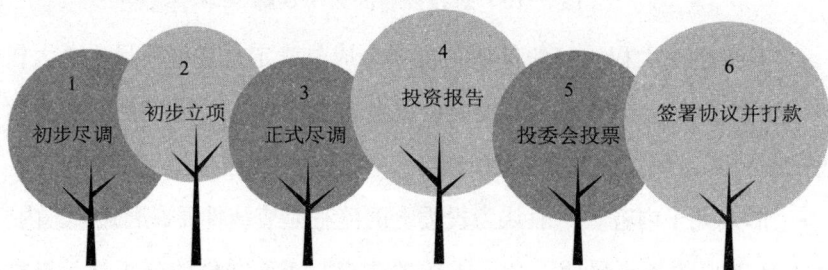

图 5-16　正规投资公司工作流程的六个主要步骤

9. 太热情的投资人，不要相信他

不少创业者接到自称是投资人的电话，他们非常热情，一开口就说看中了项目，准备投资，也从来不问有关项目的一些具体情况，只是约见面聊，这样的投资人是值得怀疑的，基本可以判断不是正规的投资公司。那么正规投资公司有哪些特点呢?

到外地考察项目都是自己出钱的，因为他们的基金有从 LP 那里收取募资额 2% 的管理费，不会要求任何第三方所谓的规范格式文件、评估报告、英文 BP 等，也不会指定律师事务所、会计师事务所、担保公司、公证机构等提供服务。

真的投资人不会一见面就很热情，一定是很冷静地指出你项目的毛病，提出各种质疑。对于一些不正规的机构，一定要上网站查询管理的基金、团队、案例等。如果网站上宣传的是一站式投融资服务、会议对接、商业模式的，基本不是正规的投资公司。

如果上来就说什么领域都投，自有资金来投，决策非常快的，基本是培训中介公司。网上通常都可以找到这个投资人的相关信息、他投资过的领域和项目，有些网站还有其担任董事或访谈已投项目的内容，如果没有，就值得怀疑。如果该投资人说起自己投过哪个项目，你可以去找这个项目的负责人聊一聊，当时是怎么投的。

10. 创业者要小心这六类天使投资人

创业者在实际接触天使投资人的过程中，或许会碰到这六类天使投资人，如果碰上了，那一定要小心他们！

* 官司型天使投资人，喜欢用恐吓、威胁方式来赚钱，找各种借口把创业者告上法庭。
* 颐指气使型天使投资人，优越感很强，觉得高人一等，挑剔创业者的各种问题，很强势。
* 啰唆长辈型天使投资人，好为人师，每件事都亲身示范，给创业者带来很多负担和压力。
* 野心型天使投资人，采用各种方法来控制企业，有远大的理想和十足的精力，一旦抓住创业者的失误，会以此为条件要更多的权力。
* 假装型天使投资人，假装成律师或会计师，向创业者介绍天使投资人，相当于中介，有时候介绍的是假投资人，其实就是骗钱。
* 背债型天使投资人，他们很活跃，参加各种俱乐部或路演沙龙活动，

表面看很热情，但实际上他没有钱，甚至一身债务，你与他交流只是白白浪费时间。

11. 小心假冒投资机构的套路

不少创业者由于自身资金有限，融资心切，到处去找投资公司，结果却被所谓的"投资公司"骗去几万元、几十万元的创业者不在少数，这些公司其实很多是培训机构、中介机构。套路主要有以下几种，如图5-17所示。

图 5-17　假冒投资机构的套路

- 不成功不收费。他们不会与你探讨项目本身的问题，只会说如何快速融到钱、必要的流程及交费，可以承诺融不到钱不收费，请你先放心。

- 异地小白各种费用。喜欢找没有融资经验的创始人，还喜欢找异地的人，第一次见面就说你的项目经过评估通过了，但需要上门考察，要你支付律师费、差旅费、尽调费。事实上正规投资公司都不需要这些费用。

- 第三方勾结。他们还会要求保证金、可行性报告费、投资价值分析报告费、法律意见书费用等一些五花八门的费用，故意说你也可以自己去找第三方机构，事实上最后他会推荐一家早已勾结的公司给你。

- 太热情不可信。如果有自称是投资人，主动打电话给你而且很热情地说融资一定能成功的，这些投资人基本不靠谱。

冒牌投资公司通常以很大的名头来行骗，如国际控股、中字号资本、金融集团等，它们的特点通常有以下四个。

第一，他们从网上搜罗到你的联系电话，打电话给你说项目通过评估，让你填写一张基本信息表，无非是想知道你注册资金多少，有多少员工，有没有实力。

第二，对接人专业素质很低，也不懂什么投资，反正就是告诉你能很快投钱给你，他们不会在本地行骗，因为怕你找上门。

第三，网站上一般有一站式上市辅导、孵化、市值管理、商业模式、资本课程等内容。做一下工商查询，他们基本没有成功的对外投资案例，常常要上门考察让你订机票和酒店，即使到了你公司也是装模作样翻下财务报表，进行所谓资产评估和风险评估。

第四，最后会说快打钱了，需要担保公司进行担保，让你到银行去开保证函，这每一个环节他们都会伙同第三方中介一起来骗钱。

各种套路，防不胜防，创业者千万要小心！

【小结】

从大众创业、精益创业到科学创业，很多创业者通过买投资人的联系电话、微信，或者通过官网、公众号的邮箱发 BP，这些方法基本没什么用，建议你可以尝试这些方式。

* 领英。虽然在国内普通人用得不多，但投资人常常会有领英账号，你可以联系上他们。

* 客户。有时候客户可能是你的第一批天使投资人，因为他最了解你的产品。

* 粉丝。如果你的产品是很酷的互联网创新产品，可通过粉丝众筹来融第一笔资金。

* 顾问。创业导师、财务顾问、企业管理顾问，可能对你的项目了解比较深入，如果信任你，他们会给予你第一笔资金。

* 活动。比如行业研讨会、线下沙龙，同行的投资人可能就在其中。

在找投资人的过程中，大家已经积累了很多宝贵的经验与教训。这里，我给各位想融资的创业者三个忠告。

第一，最好通过融资合伙人这样的财务顾问去找投资人，可以直接带你到投资公司找到投资总监、合伙人这样的人，直接拍板，融资最大的成本其实是时间与信任成本。

第二，正规的投资人都用自己的商务费用，不会让创业者自己花钱去做商业计划书、订出差的机票和酒店，更不会需要什么第三方评估费、担保费等。

第三，要学会通过反向调查，了解投资人是否是真的有钱，基金是否是投向你项目所在的领域和阶段，否则就是浪费时间，最终只能让你对创业更加没有信心。

5.3　在应对投资人尽调时怎样做好项目估值

【小案例】

给大家讲一个我在早期投资时的典型案例。许刚强是做陶瓷插芯的创始人，当时我对他的项目很感兴趣，先后带了中国风投、达晨财智、东方富海等看新材料项目的投资人去他们公司尽调。

许总带我们去他的办公室，办公室里还放着前几年的报纸杂志，橱窗里放着他参加各种高尔夫比赛、赞助各项活动的奖杯等，看来许总是一个比较看重荣誉的人。

我的投资人朋友都是业务十分老练的高手。他们到车间、食堂、仓库甚至厕所去做尽调，而且是许总不在的时候，单独去跟这些最基层的员工交流，了解到更真实的情况。

在办公室交谈的过程中，当我们问公司的财务状况时，财务经理总是时不时把目光投向许总，好像在征求许总的意见，眼神中写满了不安，这些都被我们的投资人看在眼里。

后面针对这个项目,我们还陆续进行了五六次不同程度的尽调。每次回来都进行了核对与讨论,如财务与实际车间是否加班、仓库出货排单进行比较,其中的财务预测是否有出入。

为了对核心技术进行把关,我们还花费用请一位新材料专家帮我们把关,出了一份详细的投资风险报告(注意:费用肯定是我们投资公司出,而不是创业者出钱)。结果发现,技术存在风险,原因是知识产权的归属不清晰。最后我们通过尽调,发现许总确实与一位老专家私下签了知识产权转让协议,许总是等着投资公司投钱后,花200万去买老专家的知识产权,事实上他们公司根本还没有拿到IP的授权证明文件。

尤其是项目估值上,许总对标上市公司潮州三环集团几百亿元的市值,他把自己项目也估值几亿元。但是通过尽调财务报表,发现公司的核心竞争优势不明显,未来增长潜力不大,最终投资人商量后决定放弃跟进,事实上后来项目发展也比较一般。

【全拆解】

上面案例中的许总之所以没有融资成功,主要是投资人在尽调过程中表现得不好,如很多小细节都让投资人觉得公司的数据是有水分的,财务和员工都不自信,一切看老板眼神行事。尤其是核心技术不在自己手上,还估值几亿元,最终失败是理所当然的。

那么,投资人是如何进行尽调的呢?作为创业者,我们怎样设计好自己项目的估值呢?

5.3.1 投资人如何对企业和创业者尽调

投资者如何识别出好的创业者呢?现在假创业的人也不少。一般可以从以下四个方面来鉴别,如图5-18所示。

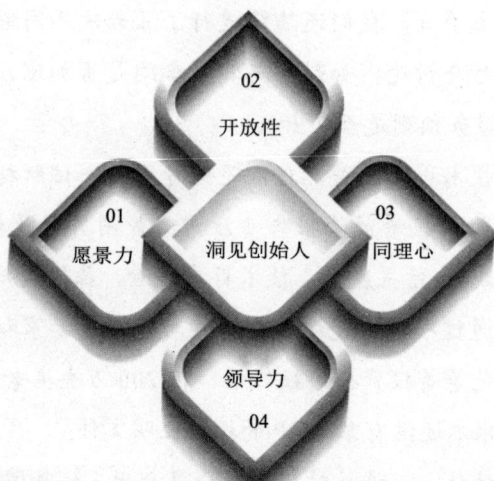

图 5-18　鉴别好的创始人的四个方面

（1）创始人的愿景力：就是将业务高度抽象，再把它做实。比如，拼多多就是打造"开市客＋迪士尼"的精选娱乐模式。

（2）创始人的开放性：选择性地消化投资人的建议，不断快速迭代自己，如投资人不看好共享玩具这类项目，就不太可能获得成功。

（3）创始人的同理心：理解消费者、员工甚至竞争对手的心理和需求。比如，乔布斯放弃按键而采用触摸屏，就是想让用户更加快捷地使用手机。

（4）创始人的领导力：成为团队中的孩子王，最怕的就是优秀的 CEO，但是搭建的团队里没有他比较熟悉的人。

尽职调查是投资人的基本工作，也是创业者应该了解的内容。

1. 尽职调查到底有哪些重点

尽调不可能面面俱到，主要有以下五项重点内容，如图 5-19 所示。

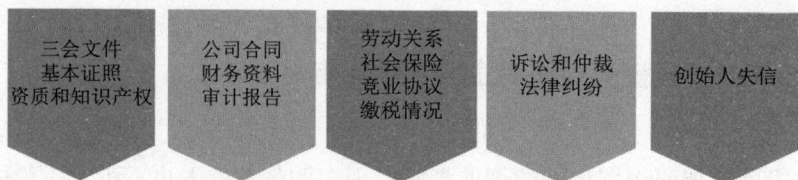

图 5-19　尽职调查的五项重点内容

（1）公司股东会、董事会、监事会文件，基本证照，公司资质和知识产权。

（2）公司合同和财务资料，包括审计报告。

（3）劳动关系、社会保险、竞业协议和缴税情况等。

（4）诉讼和仲裁，有没有一些法律纠纷等硬伤。

（5）创始人失信等情况。

尽调的目的是想有助于风险评估，消除信息不对称，确保投资合规性，有利于交易谈判。尽调中不用关注小细节，要懂得抓大放小，以促成交易为主要目的。

2. 如何为拟投资企业做"体检"

尽职调查就是为了排除风险，寻找项目的内在价值，为投资方案做准备。尽调其实就相当于为拟投资企业做一次体检。

怎样为拟投资企业做"体检"，也就是如何进行一次尽职调查呢？尽调重点如图 5-20 所示。

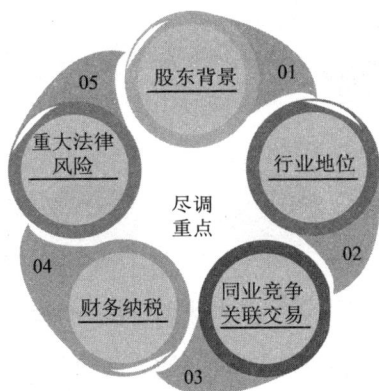

图 5-20　尽调重点

（1）股东背景：看公司股东背景之间是否有关联或潜在的变动可能。

（2）行业地位：看公司处于行业的竞争地位，是否存在对某一供应商特别依赖，看技术研发占历年业务收入的比重是多少。

（3）同业竞争和关联交易：看同业竞争和关联交易，看市场有无可替代品。

（4）财务纳税：看财务和纳税情况。包括银行授信和融资渠道，未来两三年的业务发展目标。

（5）重大法律风险：看是否存在重大法律风险。对重大合同的真实性、合法性和潜在风险进行排查核实，高管是否有重大官司，是否存在涉及刑事诉讼等情况。

3. 投资人尽职调查的小技巧

投资人说要到你公司来尽调，你知道他们是怎么做的吗？分享投资人做尽调的一些小技巧，你可以提前做应对，如图 5-21 所示。

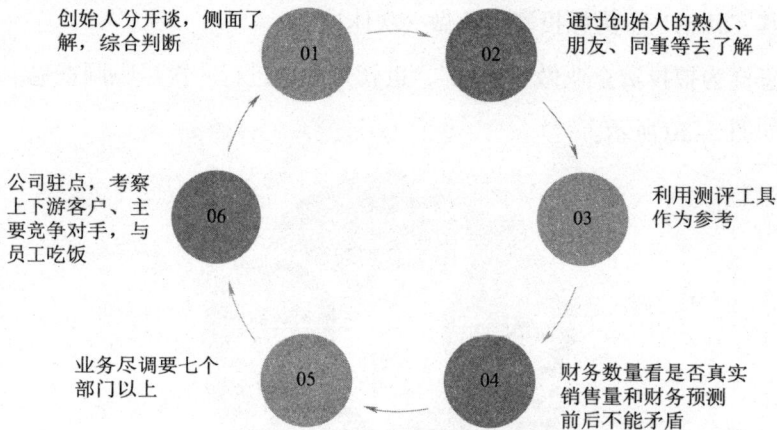

图 5-21　做尽调的一些小技巧

（1）创始人分开交谈，不同侧面了解，综合形成判断。

（2）通过创始人的熟人、朋友，过去领导、同事或手下访谈，得出更加客观公正的判断。

（3）通过测评工具分析他的心理、性格，作为参考。

（4）财务尽调主要看数据是否真实完整。销售量和财务预测的假设前提是否科学，前后不能矛盾。

（5）业务尽调要访谈生产、销售、采购、人事、财务、技术等七个以上部门。

（6）项目公司驻点一般 5~6 天，考察至少三个上下游客户、两个主要竞争对手，与员工吃一次饭。

4. 财务尽调中常见的瑕疵问题

投资公司在财务尽调中，经常发现创业者会有以下这些瑕疵问题。

- 过早记录收入或记录有问题的收入，让企业财报看上去很漂亮。
- 记录伪造的收入，如出售低价资产获得利润等。
- 使用一次性所得抬高利润，如把投资所得作为营业费用的减少来报告。
- 费用前移或后移，成本折旧或摊销太慢，变革会计假设条件，减少负债。
- 不记录或不恰当地减少负债，制造虚假销售回扣。
- 收入后移或费用前移，不适当地扣留收入或将特别费用夸大。

总之，这些手法都是投资公司可以尽调出来的。如果你想融资，千万别做假。

5. 法务尽调的七个主要内容

法务尽调是为了防止企业在法律上有漏洞或瑕疵，以免投资后出现问题，要提前做好预防措施。

法务尽调主要包括以下七个方面的内容。

- 调查融资企业的主体资格及本次交易行为是否违法，如审批的限制等。
- 审查融资公司的资产情况，有无法律上的瑕疵。
- 审查融资企业的债权债务情况，这是律师事务所要做的主要工作。
- 审查融资企业的重要交易合同，包括技术转让、担保、代理等。
- 审查知识产权有效期、有无许可证、是否存在侵权诉讼等。

- 审查公司管理人员是否有签劳动合同、竞业禁止协议和保密合同。
- 审查公司是否有重大诉讼或仲裁的调查。

当然，不是说一定要把这七个内容都全部尽调。不同的公司，尽调的重点也不一样，早期项目可能没有这么多尽调的事项，法务尽调的主要目标是为了降低投资风险。

5.3.2 要注意关于估值的几个点

公司融资、股权激励、公司并购、上市时都要参考企业的估值。提醒大家注意关于估值的几个点，如图 5-22 所示。

图 5-22 关于估值的几个点

估值是介于科学与艺术之间的技术，是收益和风险的平衡，没有任何一种估值方法是完全正确的，只能说相对合理。

估值不是零和交易，最终是为了双方达成交易和共赢，只要能平衡双方的利益，就是好的估值。估值是为了促进交易，但不是交易的全部，不利于交易的估值都不是好的估值。

估值不能偏离金融的法则，如资产流动性、稀缺性。不同阶段的估值重点是不同的，如初创期以团队的管理水平为重点，成长期侧重于销售收入，成熟期则强调现金流。

1. 能马上用到的几个估值方法

下面提供几个简单的估值方法，相对来说很实用，不需要复杂的公式计算。

- 项目和团队可靠、模式可行，估值一般在 500 万 ~1 000 万元，即使项目特别牛的、早期没有大的投入，估值不超 1 亿元。

- 可在市面上找个刚融资的对标项目，如果你的数据、模式、收入与它差不多，那么估值也基本上可参考。但千万不要参考那些大量烧钱的项目。

- 可以按照市盈率 P/E 法进行估值，公司估值 = 预测市盈率 × 公司未来 12 个月利润。比如，下一年你预测年利润为 500 万元，给出 7~10 倍的市盈率，那就是估值为 3 500 万 ~5 000 万元。

- 如果你有核心技术，在国内同行业拥有很高的地位，可以估值 500 万 ~1 000 万元，这根据专利等知识产权的含金量来定。

- 如果项目的年收入有 25% 的增长，那么可用年盈利额的 25 倍当估值。比如，年盈利 300 万元，那么估值就是 7 500 万元。

- 一般项目如果没盈利，估值以营业额为基数，如营业额 500 万元，那么估值就是 500 万 ~1 000 万元；技术成长快的可以估 1 500 万 ~2 000 万元，创新互联网公司可以估到 5 000 万元。

- 如果重新做一个与你一模一样的项目需要投入 2 000 万元，那么估值就是 2 000 万元。

2. 影响项目估值的五种因素

初创企业对资金渴求迫切，由于没有估值经验，往往陷入被动，报价过高吓退投资人。其实估值没有固定规律可循，但可以根据一些已有的因素和方法来大致评估。下面是五种影响项目估值的因素。

- 专利价值可以折算成现金价值，如含金量高、在国内外处于领先地位的，可以估值 100 万美元。

- 如果团队在 BAT 或其他专业对口的领域，至少可以按业绩或年薪来估值，如五个人团队，每个人年薪是 100 万元，那么估值就是 500 万元或者更高，毕竟是团队的价值。

- 如果已有早期客户或合同签订，这完全可以按营业额乘一定倍数来估算，根据行业来确认倍数。

- 你对市场规模和细分市场的增长预测相对精准，那么公司占有比例越大，估值越高。

- 如果你对竞争对手拥有很大的优势，你可以要求估值的主动权。

律师、会计师只是提供一些估值的建议，你可以对照市面上与你阶段和数据差不多的项目进行对比，如果想投你的机构相当有名，而且能提供不错的投后管理，适当降低估值也可以。

3. 创业型企业的几种估值方法

不同行业的创业型企业，估值方法各不相同，下面是常见行业的估值方法。

- 生产制造型企业：采用资产评估法，按照净资产的 1~3 倍进行估值。

- 互联网公司：采用流量评估法，以用户流量、活跃用户数进行估值。

- 服务型企业：采用市盈率或贴现模型评估法，如年利润的 3~5 倍进行计算，贴现是推算公司未来五年利润进行贴现求和。

- 具备一定规模的企业：采用类比法，以同行业的上市公司的数据作为参考，或者同行业其他公司的估值作为参考依据，来评估公司的估值，当然要客观，采用同一时间段的数据很重要。

估值有市盈率 PE 法、市净率 PB 法、市销率 PS 法、动态市盈率 PEG 法、企业价值 / 息税、折旧、摊销前利润法。这些名字看起来复杂，其实还是比较简单，只是它们适用于不同的企业。比如，市盈率 PE 法就是盈利乘以一个倍数，市销率 PS 法就是销售额乘以一个倍数，当然有静态和动态之分。

- 新成立公司：资产重置法，从零开始，要想达到目前公司状态所需投入的资金总和，就是公司估值。

- 市盈率 PE 法：适用于盈利稳定、周期性弱的行业，如公用事业、建筑建材、商业贸易、信息服务等。

- 市净率 PB 法：适用于无形资产对收入、现金流起关键作用的行业，如银行、保险、航空航运、化工、钢铁、食品、环保等。

- 市销率 PS 法：适用于战略性亏损的互联网行业、软件服务业，受成本波动小的商业零售行业，周期性一般比较强。

- 动态市盈率 PEG 法：适合科技、传媒、通信、生物医药、网络软件开发、精细化工、有色金属、机械设备、轻工制造等迅速成长的长期爆发性企业。

- 企业价值 / 息税、折旧、摊销前利润法：适用于高度竞争、净利润亏损但毛利、营业利益并不亏的行业，如制造业、航空业、石油化工。

4. 常见三种估值比较参照物

你的项目要估值，常常需要在市场上找一些类似的项目来参照，主要有以下三类比较参照物。

- 同股同权的跨市场比价，主要是指同一家公司在不同市场上的市值比较，如你在 A 股和 H 股的比价，取一个参考值。

- 同类企业的市值比价，是指主营业务基本相同的企业来比较，如三一重工与中联重科比较，就很有参考价值。

- 相似业务企业的市值比价，是指主营业务相同，但把业务拆分后做同类比较，如上海家化与联合利华比较，就是把其中属于同类的业务做比较。

市值是投资公司在对你项目估价时的一个重要参照物，如华谊兄弟和美国梦工厂两者之间的估值就可能有一定参考性。

5. 五个常见的估值误区

在进行估值时，创业者注意不要陷入下面的误区中。

- 误区一：以为扩大生产能力，新品上市，公司价值就能增加。如果新品上市收益跟不上资本的折旧成本，还占用大量资源，新品销售还打不开局面，估值也上不去。

• 误区二：以为产品价格上涨，公司价值就一定增加。为了扩大生产就可能出现生产过剩的问题，不稳定的现金流预期对公司长期价值的影响是负面的。

• 误区三：以为公司研发投入高，产品上新快，价值一定增长。现在技术更新太快，如果技术投向是一个错误的方向路径，高投入就成为沉没成本，估值反而会下降。

• 误区四：以为公司进入新兴行业，暂时没有利润，公司价值就会增加。盲目进入自己不擅长的新兴行业，风险极大。

• 误区五：以为并购有助于公司价值增长。如果无法消化并购的公司，协同效应也不存在，估值也不行。

6. 为什么你的公司估值上不去

很多创始人看到媒体报道，发现别的项目与自己的差不多，别人的公司动不动就估值几十亿元，还能成功融到上亿元的资金，而自己辛辛苦苦做的项目，连千万元的估值都达不到。

你的估值达不到理想的目标，其实有各种原因。下面进行具体分析。

• 投资人的投资偏向与你不一致。

投资人因为学历背景、工作阅历的关系，总是喜欢投自己擅长的领域。国家战略新兴行业有九个领域，你的公司在这个九个领域里吗？如果不是，可能估值就不会高。

• 有些行业特性是周期长。

比如，环保类企业的业绩较稳定，净利率不高，做政府业务多，对资源要求高，很难在技术上分出高低；新材料项目对科技提升要求周期长，大范围推广需要有价格优势和巨大的收益才能替代现在的材料，因此估值就上不去。

- 热门风口的估值泡沫。

创业界年年都有热门概念，共享、造车、人工智能、区块链、元宇宙、Web 3.0、科创板、北交所注册制的助力等。资本圈也让这类企业估值吹上天，找到接盘侠后迅速获利退出。

- 出资人的个人偏好也有影响。

有些 LP 出资人对遥感卫星有好感，对投资公司提出相关建议，在投资方向上可能更偏向于这类行业，估值也给得可以。

- 企业没有能打动投资人的关键节点。

比如，产品研发成功、销售渠道取得不错的成绩，这样每个窗口都能提升估值。另外，有后轮的接盘投资公司，估值也会上涨一波。如果你这些重要节点没有把握住，就没有好的估值。

- 没开展好的 PR 公关宣传。

有时候在融资前两三个月在地铁、公交、网络发一些新闻也是很必要的，可以找公关公司或媒体公司来宣传。

- 没投资圈的好友。

在创业初期也要规划好顶层设计。融资圈也是一个人情小社会，切记。

【小结】

创业者想要更快、更顺利地获得融资，必须掌握投资人尽调的一些方法和流程，建议你最好把投资人要的"三务"（业务、法务、财务）资料提前做好分门别类，把这些资料全部整理好，放在单独的一个房间，对于各个细节，包括员工培训、食堂、厕所等卫生、流程要把好关，形成统一认识，做好准备。

对于项目的估值，最终双方能达成交易结果的就是好估值，估值不是一门科学，虽然有一些方法，但更多是一门艺术，说是讲故事的过程也不为过，重要的是你能说服投资人，相信你所讲的故事是真的。

5.4 路演过程中如何与投资人进行良好的沟通

【小案例】

我经常担任一些创业大赛的评委嘉宾，如赛格众创空间全球硬件大赛、飞马旅赛马会、深圳创新创业大赛半决赛评委主任等。在这些路演中，碰到过很多有个性的创业者，与他们沟通的一些场景我还历历在目。

"我要做一个颠覆京东、淘宝、天猫、拼多多的项目，它们都不是真正为消费者着想的平台，我的才是!"创业者自信地对投资人评委说道。

"那你如何做到呢? 凭什么你能颠覆它们? 目前投入了多少钱? 发展到了什么阶段?"投资人问他。

"我是有核心技术的，这个技术超过了它们，不是一般人能做到的。目前我还没有投入多少钱，所以今天来路演融资了!"

"你要融多少钱? 才能超过这些巨头?"

"我现在需要融50万~100万元!"

投资人只能摇摇头，诸位! 这些百亿元、千亿元的巨头，发展到今天，虽然大家都会说马云刚开始也是从很小规模发展起来的，并获得软银孙正义等人的投资。但是现在的创业者，如果说想投入几十万元就能超过甚至颠覆它们，这种虚空的大话还是少讲为好。很多理性的投资人可能只是会心一笑。几年前路演过程中这样的事还真不少。

还有一个创业者在路演中说，目前已经有红杉资本、高瓴资本、深创投、达晨财智几家投资公司抢着要投他的项目，所以他根本不缺投资人。在场的投资人评委都不好意思说自己的公司远不如这些头部公司，只能祝福他好运。

【全拆解】

不少创业者还是没有懂得与投资人沟通的基本规则，可能他的学历、智商比较高，但情商还有待提高。对于如何与投资人沟通，把握路演中的一些技巧，下面来跟创业者分享一下。

5.4.1 创业者一定要懂得如何与投资人沟通

投资人问创业者：“你为什么能成功？”创业者回答说：“我是瑜伽里最会做奥数的，所以更易成功。我知道未来的方向，但行业问题无人解决，我绕着走。”

投资人和创业者彼此最痛苦的就是鸡同鸭讲，不在同一个频道上，说了半个小时，还是没弄清是个什么项目。下面是创业者和投资人的对话。

“我是一个二手车电商平台。”

“你与人人车有什么区别？”

“区别大了，我们可以提供贷款！”

“那你的核心就是金融了，有风控和资产方面的创新吗？”

“这个不一定是核心，我们还有很多优势，如他们对贷款很有需求，我们的平台进行对接。”

这样的对话基本是没有结果的，因为答非所问，投资人根本没方法与创业者再沟通下去。下面告诉各位创业者如何与投资人进行沟通。

• 要清楚定位自己，你是干什么的？要善用类比，如你的项目是北大的杨紫，那么学历和颜值就知道了，相对比较具象。

• 未来在哪里，你对未来的期许是否一致？如何说服投资人？目前做到哪一步，还差什么？实现的路径是什么？你心中要有一个很明确的解决方案，而不能纯粹只是想法。

• 打算怎样去达到未来的目标？说出你的能力和资源，资本只是助飞的工具。前提是你自己要知道自己的分量，要用数据说话。

1. 学会讲好营销故事

品牌定位理论常讲，有品牌的是首脑型企业，无品牌的是肢体型企业，品牌是通过讲好营销故事打造出来的，消费者对于每个品类最多只能记住五个品牌。

比如，江小白酒针对的是小聚会、小时刻、小心情的新青年群体，以走心的文案和用户互动，开辟了独特的品牌 IP。

三只松鼠和泡泡玛特提供的是某种"陪伴"，以细节的物料和人性化的营销获得用户青睐。

最会讲故事的还是法国依云矿泉水，它从 200 年前的侯爵痊愈、拿破仑三世及其皇后赐名，通过一系列的品牌故事营销，让依云成为高端和尊贵的超级符号。

世界著名奢侈品牌 Burberry（巴宝莉）建立了"风衣艺术"社交网站，鼓励用户上传和分享各种时尚街拍，平均每天有几百万人观看视频，与用户共创内容。

欧莱雅开设了内容工厂美妆视频教程，让更多女性用户了解如何化妆，如何找到适合自己的化妆品。

大家熟知的发饰品牌"流行美"免费给顾客梳辫子、化妆也是一种独特的营销方式，你只要接受了免费服务，一定会顺便买他们几十元、上百元的发饰产品。

现在的年轻消费者不同于之前的信息接收者，而是主动的信息搜索者、创造者和分享者，尤其是 Z 世代（指 1995~2009 年出生的一代人），他们更加强调个人的自我感受。

比如，来伊份新鲜零食打造亚文化"燃"战略，提供线上游戏、线上玩家、核桃节等活动，培养 IP 忠实粉丝。

新西兰乳品安佳与今日头条合作，突出用户每天享用营养鲜奶的同时，查看最新鲜的头条资讯。这种品牌的跨界营销结合就十分完美。

2. 创业者要接受投资人的意见吗

每个投资人与他们的从业经历、机构风格等有关，如腾讯系出来的投资人在游戏、社交方面的经验就遥遥领先，阿里系出来的投资人对于投放、增长、供应链等电商的理解相当深刻。

投资人一般会借由校友或同事的社交网络，寻找从这些大型企业里尚未出来创业的人，与他们洽谈对某一领域的认知，其中高校也是投资人与创业者之间进行联络的超级节点，如上海交大、北大、清华等就有不少知名的投资人和创业者。

经常发布创业、风投等内容的媒体平台也是投资人找项目的一个重要信息源，如媒体上报道某早期项目获得数百万元投资，这可能是向成长期投资人释放出一个信号——项目不错，快来接盘。

创始人的愿景力相当重要，它能将业务高度抽象，再把它做实。拼多多的黄峥想打造"多实惠多乐趣"的购物体验，抽象成为"开市客（Costco）+迪斯尼（Disney）"，即精选商品＋娱乐的商业模式，事实上他成功了。

有人问：创始人是否要全盘接受投资人的观点？这在于创始人能否有意识地过滤信息，并对建议做出反馈，有效地迭代自己。比如，有个"玩多多"的玩具租赁共享项目，投资人建议中国家长更倾向于买玩具，而不是和一些不相熟的人共享玩具，如果你作为创业者，会听吗？事实上，这个共享玩具的项目后来关闭了，因为创业者根本没有听取投资人的建议。

当然，投资人的话也不能全盘接受，因为投资人不可能从事所有项目的创业，他只是根据做投资、看项目的经验，凭个人的理解给创业者一些帮助。创业者才是司机，是主导项目走向成功的核心因素。如果创业团队通过讨论，觉得投资人说的话很有道理，可以采纳的那就采纳；如果觉得暂时没有采纳的价值，那就不用理会，继续按照你自己的想法去做。投资人也不是神，不是万能的，他只是用资金来助力创业者的一个基金管理人员，所以创业者要有鉴别能力、选择性地听取投资人的意见。

5.4.2　多年路演评委投资人总结出来的路演经验

绝大多数创业者都会认为自己的项目天下第一，但事实上根本不是这样。参加路演的时间一般为10~15分钟，但有的创业者开场8分钟还在一直讲市场背景分析，当主办方工作人员提醒倒计时两分钟时，其心理就很慌了，这场路演的开场就注定了失败。

下面是多年做路演评委的投资人总结出来的经验，供各位创业者学习参考。

1. 路演可从六个方面感染评委

路演评委有时候需要坐半天甚至一天，精力上是十分疲倦的。

创业者如何通过一些方法来感染他？你可以借鉴以下六个方面，相当实用。

（1）你要阐述对创业重要性的认识，痛点最好与你个人的经历有关，或是你急迫想解决这个问题，团队优势也与这个项目高度匹配。

（2）你个人对项目的热爱，是发自内心的，通过较长时间关注与研究，有向社会推广的理想。

（3）你想成就自我，勇于承担社会责任，有自己的使命，而不仅仅只是赚钱改变自己的命运。

（4）对项目充满信心，对成果感到自豪，高度评价创业团队的成员，对未来充满希望。

（5）你十分了解市场与事实，对未来的困难和发展有清晰的规划，敢于克服困难，坚定承诺。

（6）这个项目计划多年，运行较长时间，个人和家庭都投入了金钱，以资产作为抵押，做了大量落地性工作。产品已经上线，有一定数量的客户积累，取得了一定的收入，已经申请专利或拥有独特的资源。

通过这六个方面的阐述，投资人会更加坚信你创业的初心、愿景，相信你的团队在你的带领下，能够做出一番事业来。

2. 如何用讲故事的方式来路演

如果你路演，只是对着屏幕照本宣科地念一遍，是根本打动不了评委的。建议你可以通过讲故事的方式来创造情感体验，具体可通以下这些方式来进行。

（1）描述项目时：讲述要有画面感，如有一个路演讲的是"有机蔬菜种植"项目，他是这样演讲的："之前回家，孩子想迎上来拥抱我，我不得不先洗澡、清洗衣服并消毒。现在我的有机果园，让我离开生菜地后，可以直接拥抱我的孩子们，因为我身上没有任何残留物。"你看看，多有画面感的情感诉求，你听了之后一定会觉得这个有机蔬菜项目很安全。

（2）介绍用户痛点时：你可以讲一些用户使用过程中真实体验的故事，这样更有现场感，让评委信服。

（3）讲市场容量时：你可以讲一些官方报道的数据，标明出处以体现权威性，不要凭空想象说自己项目有百亿元、千亿元的市场规模。

（4）介绍项目特色时：适时叙述那些购买过你产品或服务并表示很满

意的客户故事，使用客户第三方的评价，最有说服力。比如，你做一个无线视频项目的路演，你可以说今年"两会"直播期间的系统用的就是我们的无线直播系统。这样的证明相当有力。

（5）说明估值时：你可以采用市场同类项目对标法，如目前市场可达到千亿规模，我们对标的一家国际公司刚完成 C 轮 5 700 万美元的融资，估值 10 亿美元。这样投资人心中就有一个价格锚点了。

总之，要想让路演具有活力，让评委听后易于理解，就要善于讲故事、摆事实、列数据。

3. 路演如何抓住这"三点"

有些创业者第一次参加路演，虽然做了很多准备工作，但效果依然不好。这主要是因为他没有了解路演的基本规则，没有抓住关键的重点。下面几点值得注意。

（1）一定要把平时 20 多页的 PPT 改一下，尽量压缩成突出重点的精简版，如 5 页，每页讲一分钟的时间，核心内容就五个内容：我是谁，我的产品是什么，我为什么要做，我怎么做，我需要多少钱。

（2）可以结合项目的基因，讲述自己的创业故事，讲讲对项目的愿景，是有加分的，但千万别一发不可收拾，绕不回来，要抓住关键点、闪光点、价值点这"三点"。

（3）一定要讲出自己项目的不同点，解决了什么痛点，降低多少成本，提高多少效率。千万不要玩概念。

（4）自信但不要夸大其词，适当对自己项目充满信心，但不要动不动就说"目前市面上没有竞争对手，我们会是未来的独角兽，千亿市值"等大话。

（5）提前预想好投资人的提问并在心中准备好答案，如护城河、核心价值、运营数据、盈亏平衡点等，尽量用数字说话，有说服力。

总之，路演一定要抓住这三点：关键点、闪光点、价值点。

4. 项目路演的宣传成分比较大

不少创业者想通过一次路演就能获得投资人的认可，甚至自己的项目与电视创投节目一样，被几个投资人争相抢着投。

我可以明确地告诉大家，在路演上获得投资的概率很小。路演只是创业者与投资人相互了解的一个载体与渠道，双方交换名片，加了微信便于后续联系。

现实情况中，参加路演活动的很多项目本身质量可能不高。但投资人毕竟是主办方邀请来的，有的投资人基本看下项目名称和一句话介绍，就把项目否定了，路演过程也只是看团队和模式来求证一下。到了点评和提问环节，投资人评委为了表示尊重，会提一些无关紧要的问题，顺便鼓励下创业者继续加油，还会上台与相对优秀点的项目签下投资意向协议。

讲到这里，创业者就应该明白，路演宣传成分比较大，获得融资的概率极低。如果你的项目质量很高，现场表现得相当不错，那么投资人可能会在线下约你见面聊，这才是你参加路演得到的最大收获。

现在的投资圈规则就是，通常面对可投、可不投的项目，合伙人大概率会选择不投；各投资机构之间形成了深层的信任关系，不断强化成神经网络一样，圈子外的资本很难插手进来，他们互相推荐项目并互投，做大估值。因此，未来小型投资公司的日子会越来越难。

5. 要懂得项目路演的主要规则

下面总结了路演的一些主要规则供大家参考。

（1）如果团队很有含金量，开头就讲这个优秀的团队。最好开头把投资亮点全部说清楚，即使后面时间不够导致讲不完，重点也全部讲完了。

（2）最好用数据说话。为什么你们团队能做好这个项目？为什么现在最适合做？现在做到了哪一步？融到资后准备如何做？

（3）不要在一些无关的问题上反复讲，投资人都很懂，你要把产品有什么特色和如何能赚钱讲明白，不要含糊其词。

（4）不要总是说"这个问题后面我会讲到的"，事实上全是托词，后面评委也没有得到满意的答复，毕竟就几分钟时间，不可能一直等你来做解释。

（5）有时候只需回答是或否。不需要做太多没用的解释，评委的目的只是想了解你的专业判断和反应能力。

（6）千万别跟评委抬杠。谦虚请教是创业者的基本素质，即使你是天下第一，何况你还在到处找投资呢？

路演本身就是一场秀，上面的这些方法你如果全部遵守了，相信路演会有不错的收获。

6. 如何回答好投资人最常提的三个问题

创业者在与投资人交流的过程中，投资人经常会提很多问题，其中这三个问题是他们最常提的，怎样回答好呢？

问题一：你如何将这个想法变成现实？

- 你要清晰、肯定地说明自己的想法，千万不要用"有点像""似乎是"这样的字眼，要让投资人充分了解你的想法并产生兴趣。
- 要给出确定的目标用户人群，而且是真正的用户。
- 说出具体的资源需求，如创业计划、团队需求、资金需求等，都要十分具体。
- 可适当在现场向投资人展示产品模型。

问题二：你如何应对潜在的激烈竞争？

- 你要对市场竞争有充分的认识，慎重选择竞争对手，要选择细分市场的竞争领域，把竞争区域要多层次划分。选择竞争目标，竞争者对你进行阻碍的就是目标相同的公司。

问题三：你想过营销的问题吗？

- 有创新的态度，要想出一些出奇制胜的招数。

- 与时俱进，吸收各种各样的营销理论，不断提高自己的思维能力，让投资人觉得你的段位很高。
- 避免走入思维定式的误区，善于反向思维。
- 要善于借鉴其他创新的营销模式。

7. 答错投资人这四个问题，融资基本没戏

创业者在回答投资人问题时，有时候回答错了，投资人基本上就不会再往下谈了。因此，以下这四个问题尤其要引起重视。

问题一：你的项目在市场上有什么独特竞争力？

错误回答：我们目前是属于独一无二的，基本没有竞争对手，不用担心这个。

正确回答：经过我们的周密调研，我们已经在这个行业取得了第几名的成绩。但如果有了你们投资的支持，我们将补上短板，在某某方面加大投入，争取在明年年底把销售额提高多少倍，以回报投资人。

问题二：你是否一直在公司担任负责人？

错误回答：是的，我这个项目就像我的孩子一样，我们离不开对方，我会一直陪着项目的。

正确回答：我的目标是建立一家成功上市的公众公司，只要公司一直持续向前健康发展，保证我的股东利益不受损害，在必要的前提下，我愿意把位子让给更合适的人来带领公司团队继续向前。

问题三：目前你需要融多少钱？

错误回答：当然越多越好啊，钱多有钱多的计划，钱少也有钱少的打算。

正确回答：我们团队通过认真的财务预算：第一阶段，我希望投资人投××元，我们将用它来做什么，达到什么目的；第二阶段，我希望再融一笔钱约 ××元，我们将用来完善什么，达到什么目的。请看我们对资金的详细使用计划表。

问题四：你们怎样才能保障投资人的利益？

错误回答：你放心啊！绝对没有什么风险，公司肯定能赚很多钱，让你们稳赚多少倍的回报！

正确回答：如果您投我，我们会很珍惜。合理利用每一笔钱，我和团队有信心、有计划实现预期的目标，保证您的资金安全，把风险尽量降到最低。我们也会协助、配合您的最佳退出计划。希望您对我们的管理、发展提出宝贵建议，未来上市更加需要您的持续关注。

【小结】

关于路演的几点技巧，汇总六个方面核心的内容，供各位创业者学习参考。

（1）技术出身的人千万别从头到尾说自己的技术是多么好，在行业内处于第一的位置。说实话，赛道是投资公司的优先选择方向，如果你是第一，你肯定会被投资人追着投。

（2）不要回避评委的质疑，也不要一一回应，有时候评委的点评只是象征性想试探你的思维方式，无须回答过于具体。

（3）自信不代表骄傲，落落大方是路演的基本态度，但最怕天下第一的感觉始终贯穿在路演中，我知道你的项目是自己亲生的、很自豪，但还是要谦逊点。

（4）不要当面与评委发生争执，有疑问可以在会后私聊，你的格局体现了你的创业的态度，有时候情商比智商更重要。

（5）路演当中即使出现小的错误，也不要反复纠正或道歉，没有人太在意你的疏忽，只要不是致命的谎言。

（6）对于"要融资多少钱"这个问题是要认真表态的，不要说随便多少钱都可以，这代表你自己对于未来的规划是否清晰。

第 6 章

股权激励实战操盘

现在不做股权激励好像跟不上创业节奏，激励方式有很多，根据不同岗位、发展不同阶段选择不同的模式组合，定人、定价、定时。同时还要避免走火入魔，步入股权激励的误区，因为激励得不好，还会产生很多风险和负面影响，可以说股权激励是把双刃剑，一定要学会利用好。

6.1 不同岗位、阶段采用哪些股权激励方式

【小案例】

我讲下自己亲身经历的故事。当时我从一家美国上市公司离职后加入了一家智能化公司，主营是智慧城市业务，由于获得了银行贷款，当年就回款6 500万元，公司飞速发展，老板李总想到了股权激励，于是决定成立有限合伙员工持股平台，但是需要花钱购买，每股一元钱。当时很多高管觉得好不容易拿了一些年终奖金，这下又得交回公司，很不理解。

李总想请第三方股权顾问公司来公司讲未来资本溢价的愿景，而且公司已经获得了A轮融资，B轮正在洽谈中，大家购买的股权肯定只会涨。如果大家一起把业绩做大，半年后公司就会提高第二批购买股权的价格，相当于大家的股价都涨了至少两三倍，这下大家怀疑的心总算是放了下来。当时就有12名高管加入股权激励计划，半年后李总兑现了承诺，不但大家获得了现金分红奖励，而且股权的价值也翻了番。高管还带领团队拿下一个又一个大项目，公司估值达到15亿多元。

【全拆解】

案例中的李总巧妙利用第三方股权顾问公司的专业讲解，打消了高管对于公司变相融资的疑虑，真正起到了激励士气、提升业绩的作用。事实上，公司在对不同岗位的人、在不同阶段采用的激励模式也是不同的。首先要弄清楚几个基本概念之间的区别，这是做好股权激励的基本功。

1. 了解股权、股份、股票、期权、期股之间的区别

股权、股份、股票、期权、期股之间的区别、适用范围如表 6-1 所示。

表 6-1　股权、股份、股票、期权、期股区别

名称	适用于公司	特 点	对应人员
股权	有限责任公司	以百分比为单位，股东享受的企业所有权权利的呈现	创业者、投资者
股份	股份制公司	以股数为单位，股东享受的企业所有权权利的呈现	创业者、投资者
股票	股份制公司 / 上市公司	一种有价证券，代表拥有股东的权利，可以买卖	创业者、投资者、员工
期权	有限责任公司、股份制公司、上市公司	双方约定的一种权利，在一定时间内，达成某项条件，按照一定的价格， 进行购买	激励员工
期股	有限责任公司、股份制公司、上市公司	需要出资购买，可以先出一部分，剩余部分用分红进行偿还	激励员工

2. 不同岗位人员如何进行激励

公司的高管人员、骨干员工、销售人员和普通员工，他们对股权激励是有不同偏好的。

针对不同的激励对象，激励原则和方式也要不同，具体如表 6-2 所示。

表 6-2　不同岗位人员的激励原则与方式

激励对象	激励原则	激励方式
高管	增强老板意识	期权、限制性股权、延期支付、业绩股票
骨干员工	减少权益类， 加大现金类	虚拟股权、 股票增值权
销售人员	解决收入不稳定， 归属感	业绩股票、 限制性股票
普通员工		现金

- 高管：可采取期权、限制性股权、延期支付、业绩股票等来激励，阶段性分红也是必要的。
- 骨干员工：减少权益类激励，加大现金类激励，可采用虚拟股权、股票增值权等。
- 销售人员：要解决收入不稳定和增强归属感，可采用业绩股票、限制性股票，让短期行为转变成长期行为。
- 普通员工：现金类激励最有效。新生代员工有新需求。

总之，与高层管理人员要建立精神事业共同体，与中层管理人员要建立事业与利益共同体，与基层人员建立利益共同体。

3. 新生代员工如何进行激励

对于新生代员工，只用工资＋奖金来招聘吸引力不大，工资＋股权激励的模式越来越受欢迎。当然新进员工刚开始还不适合采用实股，因为他们还没有稳定下来，具有很大的离职风险，先可以采用代持形式，等他们有了业绩再说。

对于新生代员工的激励，可以采取以下这些方式。

- 可以推行虚拟股激励，通过试用期后就可以参与虚拟股，只要符合条件和步骤，逐步将虚拟股转为实股。
- 老员工基本是一次性授予，新生代员工可分年度或季度来授予，通过考察来鉴别新员工的能力，互相有个适应。
- 企业给新生代员工确定阶段性目标，匹配阶段性的股权激励。对新员工要讲明白股权的价值，老员工有更大的优惠和激励性。

通过这样阶段性的股权设计，新生代员工会得到很好的发展，与公司的发展息息相关、更加同步。

4. 技术人员如何进行激励

对于企业内部的关键技术研发人员，工资已经很高，绩效难以考核加码，该如何给他们分配股权呢？

解决之道就是相关技术人员可获得股权激励上的侧重，激励的标准就是以他的研发成果是否达到预期有关，也就是他的每一个阶段性进展都与股权分配的比例挂钩，这是一种动态的股权设计方式，具体的激励措施可以这样来设计。

- 有的技术人员夸大自己的技术实力与预期回报，为了保障能出实际的回报效果，可以分配他 10% 的股权，但要分四年兑现完，也就是每年兑现 2.5%。

- 如果他确实是技术水平超前的专家，股权可以一次性授予，但要签对赌协议。比如，设定某一年没达到目标，收回授权的股权 25%，两年都没有达到则收回 50%。

- 技术研发部可独立核算并加以激励，包括该部门拿到了政府补贴、成果转让收入、科研奖励、新产品上市三年内的销售提成、新工艺降低成本的费用，这些成果都纳入激励设计的标准中，达到什么里程碑和贡献值，就及时兑现股权。

5. 销售人员如何进行激励

如何激励业务提成很高的销售人员？一家公司的客户黏性大部分体现在销售人员身上，如果得不到很好的激励，销售人员容易另立山头，对公司构成威胁。企业创始人要恰当处理好股权激励与销售提成的关系，销售人员可能担心公司做股权激励，是想把他们的提成比例降下来。

为了避免出现这样的问题，对于销售人员的激励，要从以下几个方面着手。

- 向销售人员宣讲股权激励政策，不是以股权激励来代替销售提成，激励加提成会超过原有单一的提成收益，销售人员就会接受。

- 对于忠诚度高的销售干将，可以作为第一批激励的示范带头人，及时兑现后，可以带动其他销售人员参加股权激励。

- 要塑造企业上市的梦想，让销售人员既有分红又有上市或被并购获得资本溢价的巨大回报。把一些销售人员纳入企业管理会议中，让他们对企业的战略发展提出建议。这样做的目的是让他们既有钱，又有权，增强参与企业管理的荣誉感。

- 与其等销售人员离职后自行创业，不如与他合资成立子公司，让他做小老板，就像海尔的创客平台那样。这是内部创业模式的一个典型案例。

6. 不同发展阶段采用哪些激励模式

企业在不同的发展阶段，对于激励的目标肯定是不同的，所以采取的激励方式会有所不同，如表 6-3 所示。

表 6-3　不同阶段股权激励的原则和方式

所处阶段	激励原则	激励方式
初创期	生存是首要目标	虚拟股票、限制性股票、员工持股计划
成长期	扩大市场占有率	限制性股票、业绩股票、员工持股计划、期权计划
成熟期	降低成本、提高效率、产品迭代	虚拟股票、股票增值权、期权、延期支付
衰退期	利润下降	现金

- 初创期：生存是首要目标，可对高级管理人员、核心骨干、业务采用虚拟股票、限制性股票、员工持股计划等方式。

- 成长期：扩大市场占有率是目标，可采用限制性股票、业绩股票、员工持股计划、期权计划等。

- 成熟期：目标主要是降低成本，提高效率、产品迭代。可采用虚拟股票、股票增值权、期权、延期支付等。

• 衰退期：利润下降，此时可采用虚拟股票进行现金分红，以稳定和留住核心骨干。

总之，不同阶段的激励模式，要考虑企业性质、股东意愿、激励成本、岗位性质等多种因素。

7. 学好"135"激励法，企业好留住人才

创始人想留住优秀人才，想给优秀人才注册实名股，又怕给员工后他没奋斗动力了，或者退出时威逼公司。该怎样解决这样的矛盾呢？

这里给大家介绍一种"135"渐进式激励法。也就是要求被激励对象要有一年在职考核，三年连续考核（含之前一年），五年锁定期。五年后，员工也要付定金，是全额的 5%~10%，定金不退。具体操作过程有以下问题需要注意。

（1）三年如何算？

比如，公司目前有 100 万股，第一年他通过考核拿到 10 万股，第二年拿到 7 万股，第三年拿到 8 万股，总共他拿到 25 万股，除以 3 就是约 8.3 万股，公司总共是 100+25=125 万股，那么他就约占 6.6% 的股份（8.3÷125= 6.64%），这就是实名注册股的比例。

（2）何时终止激励？

如果激励对象不能胜任，出现违背职业道德、侵害公司利益、泄露公司机密和竞业禁止行为，或者激励对象出现伤残、死亡，被刑事处理，公司进行重组或兼并等行为时，终止激励。

（3）已付全款不足三年中途退出，如何处理？

如果激励对象离开时公司是盈利的，可按原价回购，退还本金；如果离开时公司是亏损的，激励对象要按股权比例补回公司亏损才能离开，上限是最初的出资额，如当时是花 50 万元买 10% 股权，现在公司亏损 1 000 万元，那么要补回公司的上限就是 50 万元。如果公司上市了都好说，可以

提前解锁并加快给员工注册。

（4）超过三年但不足五年离开，如何处理？

如果有投资人投资了公司，可按一定溢价回购；公司盈利但没有投资人投资，按原价回购；公司亏损，按比例补亏损；不到五年就上市的，可以提前解锁并加快注册。

（5）五年到期后离开，如何处理？

到工商管理局直接注册；激励对象不想注册，按公司净资产每股收益价回购，或者协商一个合理价格来回购。

除了上面常见的"135模式"，当然还有"333模式"，也就是解锁年限缩短，第一年释放33.3%，第二年释放33.3%，第三年释放余下的股份。

此外，还有加速递增模式，第一年至第四年分别释放10%、20%、30%、40%；降速递减式，如每年依次分别释放40%、35%、25%。

【小结】

企业要结合自身实际情况，对新员工、销售人员、技术人员进行不同的股权激励，要让员工感到公平，不同地区可用不同的激励标准，因为各地经济水平不同。

如果为了招来高手，一来公司就分股权，但是他也没有做出任何成绩，这样会降低他的奋斗欲望。

不要只对"空降兵"进行激励，这样对老员工不公平，可能会让股权激励变成股权激怒。

对于老员工高管，可以给"30%实股+70%期权或期股"，也就是"分红+期权"的模式。新高管一定不要给实股，只能是期权或期股激励。

股权激励时在一定程度上要公开企业的财务指标，尤其是利润水平，老板要说到做到。股权激励不是给予，是交换，就是激励对象通过努力为企业拓展市场、提高利润来换取公司的股权。

6.2　股权激励如何落地实施

【小案例】

于大伟是跨境电商公司创始人。为了把亚马逊平台做起来，他从环球易购招来有五年工作经验的营销经理小刘。当初为了奖励小刘，分给他5%的股权，小刘干了一年多后觉得别的公司待遇更高，就提出了离职。于总要求收回股权。这下小刘就不乐意了，小刘说如果于总要收回股权，就得按照公司的净资产价格 3 000 万元的 5% 收回，要付 150 万元给他。于总说当时你也没有出钱，是我奖励给你的，所以应该无偿地把股权归还公司。

两个人协商无果，最后要走司法程序。于总被拖得筋疲力尽，公司管理也受到很大影响。由于当初做股权激励给小刘时，也没有严格要求其业绩达到什么要求，甚至对小刘是否做满多少年这个股权才能兑现也没有提及，只是注册了实股，这让于总感到非常后悔。

【全拆解】

这个案例给我们很大震动。员工只工作一年多就要向公司索赔150万元，老板也有苦难言。因此，制定股权激励方案时，一定要把规则方方面面都写清楚，形成书面的法律文书。

6.2.1 制定股权激励方案有这"十定"

一份股权激励方案的制定与实施，主要可从"十定"来执行，具体有以下内容。

- 定目标：股权激励主要是要形成利益共同体、促进公司的业绩提升、约束员工的短视行为、吸引和留住人才。

- 定对象：公司高层副总级、公司中层部门经理级、业务和技术骨干、历史贡献人员及重要利益相关者。

- 定模式：包括干股、期权、限制性股票、虚拟股权、延期支付、业绩股票、分红回偿、账面价值增值权等模式。

- 定时间：确定股权授予日、有效期、等待期、可行权日及禁售期。授予日与获授股权首次可以行权日之间的间隔不得少于一年，并且需要分期行权；行权期原则上不得少于两年，行权有效期不得低于三年，有效期内匀速行权。

- 定来源：股权来源主要有股权转让、增资扩股、期权池，当然还有激励对象自筹资金、分红递延支付。

- 定价格：上市公司按股票价格，非上市公司按净资产计算、市盈率、注册资本金、参考同类型企业的价格。

- 定数量：确定股权总量和个量，考虑因素包括企业规模大小、业绩目标的设立（需要多大的激励额度）、波动风险的预防（业绩好与不好）、保证大股东对公司的控制权。不要一次性分配完，根据发展阶段、未来人才需要、行业变化情况逐年分次释放股权。

- 定规则：主要是参与规则、行权规则、解锁规则、绩效考核规则、违约责任。

- 定载体：主要有三种，员工直接持股、通过有限责任公司或合伙企业间接持股。

- 定机制：主要是业绩退出的条件。

1. 哪些对象是值得激励的

选择进行股权激励的对象，一定要符合这三个原则：不可替代性原则、公平性原则和价值贡献原则。比如，只想拿工资的人就不适合成为股权激励的对象。

如图 6-1 所示，优质的股权激励对象具体表现在以下四个方面。

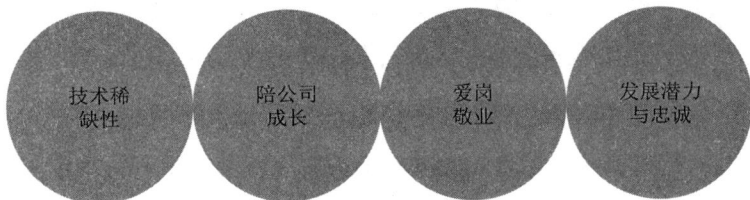

图 6-1　优质的股权激励对象具体表现

- 技术稀缺性。如果是技术人员，他手上掌握的技术要有 3~5 年的前瞻性，也就是要从战略高度考虑，对象本身有一定稀缺性。

- 陪公司成长。激励对象是一路跟公司成长的，做出了历史贡献，能够体现知恩图报的正向激励作用，对于新入职员工能起到榜样作用。

- 爱岗敬业。激励对象在岗位上创造了业绩、支持关键技术、管理岗位等，是爱岗敬业考虑的主要因素。

- 发展潜力与忠诚。激励对象应素质与能力高，工作能力强，有很好发展潜力，忠诚度也很重要，在岗时间、勤奋、正能量等都是很重要的考虑因素。

2. 员工期权激励四部曲

期权计划是如今创业企业比较常见的激励方式。对员工进行期权激励计划，需做好以下四个步骤，如图 6-2 所示。

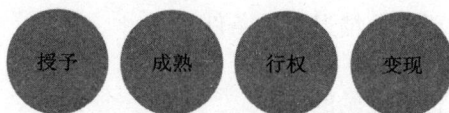

图 6-2 员工股权激励四部曲

- 授予，即公司与员工签订期权协议，约定员工取得期权的基本条件，如工作业绩达到什么标准才能兑现。

- 成熟，员工达到约定条件以后可以选择掏钱行权，把自己的期权变成股票。

- 行权，就是员工掏钱买下之前的期权，完成从期权变为股票的一跃。

- 变现，员工取得股票后，通过公开交易市场出售，也可以参与分配公司并购或者分配公司红利，获得收益。

进入机制的定时、定人、定量、定价，以及退出机制都要设置好，这样员工期权激励才能真正发挥它的作用。

3. 股权激励常见的四种形式

股权激励有很多种形式。在实际应用中，以下四种形式相对来说运用得比较多，让我们来了解一下。

第一种：期股。

类似于按揭买房，激励对象先交一点钱作为首付款，享有全部激励股份的分红权，相当于买房交了首付款，你就可以享有房子的使用权，但是没有所有权。每年可享受分红。由于激励对象之前没有交齐全部购股的费用，每年分红的钱也可补交回购股不足的钱。如果你补完了，就可以变更成注册股东。

期股有以下三个优点。

（1）股票增值与企业增值成正比。只有企业效益提高了，企业资产增值，个人持有的期股也将增值，因此可以促使激励对象更加主动地参与企业的经营与长期发展。

（2）期股可个人出钱买，也可贷款获得，如华为股权激励就有专门帮助员工申请银行贷款的。

（3）收益可在任期届满后若干年一次性兑现，也可每年按一定比例匀速、加速或减速兑现。

第二种：股票期权。

先授予激励对象在未来以签订合同时约定的价格购买公司一定数量股票的选择权，赚取当时市价与行权价的差价，当然也可以放弃购买。

股票期权有以下四个优点。

第一，激励对象看到预见未来的收益，更加努力工作，达到行权条件，保证企业良好的增长性。

第二，既能稳定企业的内部人才，又能吸引并成功挖到外部的人才，与企业长期利益相关联。

第三，期权期激励对象不用付出资本，行权时可拿工资担保先行得到股权，降低了激励对象的资金压力。

第四，企业将股权以较低价卖给激励对象，如行权时股价下跌，激励对象可弃权，几乎零损失。

第三种：限制性股票。

公司将一定数量的限制性股票无偿赠予或以较低价格卖给公司高管人员，如激励对象能完成特定业绩，即可出售这些股票获利。

第四种：业绩股票。

年初确定一个较为合理的业绩目标，年末达到预定目标，公司就授予一定数量的股票或以一定的奖励基金购买公司的股票授予激励对象。

四种激励模式各有不同，但是总的前提就是要把公司业绩一起做好。只有公司发展好了，才有更多的利益分配给激励对象，大家是一个利益共同体的关系。

4. 股权激励的价格如何确定

公司做股权激励的价格一般是由各方协商确定的，而且要在股东会决议批准后即可实施，不能随便拍脑袋、想当然就实施，否则后患无穷。

常见的有限公司股权激励价格确定方式有以下四种，如图 6-3 所示。

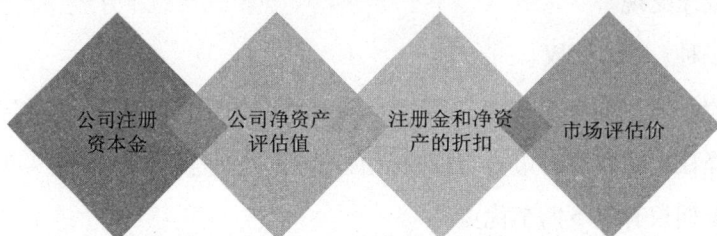

图 6-3 常见的有限公司股权激励价格的四种确定方式

• 公司注册资本金。以公司注册资本金作为行权价格。这种价格低，激励力度很大，但是上市时会有价差影响。

• 公司净资产评估值。以公司净资产评估值作为行权价格。这种方式较客观，易被税务部门接受。但如果公司净资产值较高，激励对象的支付能力就会受到影响。

• 注册金和净资产的折扣。以注册资本或净资产值的折扣价为准。给予一定折扣是为了尊重人力资本价值贡献的人性化做法。

• 市场评估价。以市场评估价作为行权价格。考虑同体量上市公司的 PE 倍数与本公司年度利润的乘积作为定价依据，或按未来收益法评估确定公司当前的估值。这样体现了公允价值，未来一般不会再确认股份支付费用。

具体以哪种价格作为执行标准，要根据企业的处所阶段和要激励的目的，综合多种因素来决定。

6.2.2 员工要花钱买股权怎么办

前段时间，有位企业创始人咨询我，有家投资公司要投资他的公司，他又想分给一些股权给部分跟随多年的管理层员工，该如何确认价格呢？

一般来说，可以按照投资公司估值的 5~8 折来参考，以股权激励的方式让核心人才参与进来，吸引人才。

- 给员工股权时，公司分多少股？每股金额多少，根据什么划分？

假如公司估值 1 000 万元，那就将公司虚拟为 1 000 万股，股价就是 1 元 / 股，这样比较好计算股份的数量。

- 员工入股时要交股本金，退出时是否要还给他？是否每一年都交？

退出时可以退给他，对应是他获授股权的应出资，可以一次性支付，也可分批支付。

- 如何核算员工要出资的钱是多少？

员工出资不能高于公司的估值，如果你是新开的店面，建议用店面实际投入作为价值；如果是公司，要看发展阶段和实际经营的数据，先确认公司或店面的价值，确定释放给员工的比例和数量，自然就对应员工该出多少钱来买股权了。

1. 员工说没钱买股权怎么办

当公司要让员工花钱买股权，员工总是找各种借口。可能他会说最近要买房、买车，孩子要上学，手头上很紧张；也有可能他是真的没钱，也可能只是一种借口，是假的没钱。如果你借钱给他买股权，他借都不愿借，实际上是他不看好公司的发展前景。

如果员工看好公司，但是他确实没钱来买股权，你可以采取以下措施。

- 整体价格给予他一些优惠，如原来是 1 元每股，现在改成 0.25 元每股。
- 员工可以向公司和大股东个人借款，最好是老板个人借给员工，可按年化利率 3%~5% 收取。
- 员工可以分期支付，如分三年支付，支付的部分享受分红利益，未支付的部分不享受分红利益。

- 员工分红收益到手后，补足出资款的缺位。

- 公司设立代持股专项资金，激励员工把自己的股权作抵押，向专项基金贷款。

- 员工每个月把工资的一定比例存定期账户，在期末允许员工用储蓄款来购买等价的激励股。

2. 哪些企业不适合让员工花钱买股

有些创始人认为很多手下跟了自己很多年，打江山不容易，我应该把股份免费送给他们。错！太多现实中的失败案例告诉我们，免费送的往往不被珍惜，最好是让员工自愿花钱买股。

但有些情况不适合让员工花钱买股，如以下情况。

- 企业发展很困难时，这样投资价值不大时不适合，因为员工对公司的发展前景没有信心，他是不可能花钱买股的。

- 企业经营管理混乱，没有有效的规章制度，员工买股也没有什么保障。

- 企业缺乏战略目标和实施方案，对员工的激励性不强，即使买了股，也没有多大的实际激励作用。

- 企业创始人缺乏股权意识，没有资本运作思维，也没有股权退出通道，员工买了股也看不到致富的希望。

- 员工资金不足或不敢冒险，他们都害怕亏损，这样的心态下，勉强让员工花钱买股，后果会很难堪的。

- 员工对老板没信心，害怕自己的钱打水漂，主要的原因是员工对老板不信任，觉得跟着他，没有什么前途。

- 没有转正还在考核期的员工，不适合花钱买股。因为不属于正式员工，风险还是很大的。

虽然说要让员工花钱买股，但上面的这些情形，不适合让员工花钱买股，否则适得其反，不会有好的效果。

3. 公司走下坡路时做股权激励有用吗

当公司发展越来越不行的时候，做股权激励还有用吗？肯定是没用的。股权激励最好在初创成长期时做最好，当然稳定期时分享也不错！企业在不同发展阶段，股权激励的比例分配，如表 6-4 所示。

表 6-4　企业发展不同阶段做激励的比例

不同阶段	激励的比例
起步期	20%~30%
成长期	10%~15%
稳定期	3%~5%
衰退期	没必要

- 刚起步的企业，可以拿出 20%~30% 来做股权激励。企业在成长期，可以拿出 10%~15% 来做股权激励。企业发展很稳定了，可以拿出 3%~5% 来做股权激励。企业衰退期，就没必要做股权激励了，因为没有人愿意买。

- 股权激励不能白送给员工，这样他不会珍惜，没有任何激励作用。购买方式有三种：员工购买、员工买＋公司借、全部借。

- 对于老高管，可以实股 30%＋期权或期股 70%；新高管可以直接给期权或期股激励。

- 有一个标准公式可供借鉴：股权激励实施的净利润＝年度销售额 × 15%，可作为一个参考的标准。

【小结】

针对上面的内容，总结股权激励方案实操流程有以下几个重要的节点要把握。

1. 要让激励对象不敢轻易离开公司,兑现可分三年来支付,按3:2:5的比例来支付。

2. 不要让激励对象直接持股,可通过员工持股平台(有限合伙)来持股,一定要在协议中绑定业绩贡献的具体指标,退出机制要约定得周密、详细且科学。

3. 公司章程中要详细约定股权的转让价格、期限、具体流程,如终止劳动关系必须转让股权、不得私下转让,要转让给公司指定人员,要先签订完整的股权转让合同,以备后用。

4. 激励对象可能会对公司利润产生不信任,可适度公开财务利润,但是不能随意拍照,也不能录音。

5. 可以请外部股权顾问公司来见证,集体签订股权激励协议书和确认书,一般年度进行正式分红(年报正式公布后的30个自然日内)。

6. 对于中层骨干人员可以实施多种模式的股权激励,在总部等多层次持股。比如,总公司、各业务部门、下属分公司或子公司持股,实行"五步连环激励法"。

(1)在职股就是岗位干股,只享有分红权,没有所有权,更没有投票权和决策权。

(2)注册股就是到工商管部门注册成为真正股东,享有所有权、管理权和收益权。

(3)增持股就企业进行股份增发时,正式股东享有优先认购权,可增持股份。

(4)持有集团股,成为总部的股东,提升高管的全局意识,为长远发展考虑。

(5)企业进行融资、重组或并购时,对企业进行股权重组,原股东就进行股权调整。

总之,"五步连环激励法"是一种递进式的股权激励形式,让中层骨干与企业成为利益与事业共同体。

6.3　如何预防股权激励的误区与风险

【小案例】

何君毅是做手游项目的，当时他拉了一帮从腾讯出来的小兄弟，就在腾讯公司后面的小区开始创业。由于几个兄弟都十分崇拜和信任何君毅，把他当作神一般的存在，项目进行得很顺利，还获得了天使投资。何君毅为了感谢大家，相应做了股权激励，给了几个兄弟一定的分红权，兄弟们这下更加卖力了，不分白天黑夜地为了项目而努力，建模、设计、产品、运营、品牌等都做出了成绩。兄弟们就等着公司发展好了，能够获得一些回报。

第二阶段的融资发生了一些波折，投资人的钱用完了，但是新游戏的开发正在关键时刻，兄弟们把之前在腾讯赚的"养老钱"都拿出来投到公司，有的买房首付款也拿出来了，就是想把公司的新项目快速推向市场，因为时间不等人。

公司顺利地渡过难关，大家都舒了一口气，A轮融资也顺利到位，公司进入健康发展的快车道，用户量呈几何级增长，付费的收入也增加不少。大家期待到了年底可以获得比较丰厚的回报，就问何总公司今年赚了多少钱。何总说公司是亏钱的，没有什么红可以分。这下几个小兄弟不乐意了，明明公司业绩增长这么快，怎么可能不赚钱呢？他们几个联合起来要查公司的财务账。没想到何总说他是绝对大股东，不允许查账。几个小兄弟伤透了心，认为五年来大家出钱出力为公司打拼，到头来居然被大哥给坑了，彼此的信任荡然无存，在利益面前，兄弟之间的感情一文不值。于是，几个小兄弟就请教律师朋友，律师说可以向法院申请查账，如果公司大股东不同意，可以向法院申请因连续五年不分红且无法调解，申请公司解散。

这下何总慌了，后来他们几个进行坦诚的沟通，原来是他私下把公司盈利做了转移，自己在深圳购置了几套房产，等着房子涨了再把钱投回公司。这明显是有违创业精神和职业道德。于是，几个小兄弟跟何总摊牌，要么分红给他们，要么公司就不开了。最后好端端的一个明星项目就这样被毁了。

【全拆解】

上面手游项目的案例有一定的代表性，创业兄弟可以共苦，但是不能同甘。在股权激励的实施过程中，最怕老板没有诚信，说话不兑现。其实在这五年里，作为激励对象，可以适当通过一些渠道查询公司经营状况，如公司一年赚多少钱，创始人可以巧妙地向激励对象做说明，一是可以激发大家的干劲，二是使诚信度更高，让后面的股权激励更顺利地开展。

很多创业者参加了各种股权培训班，认知还是存在很多误区。这些误区会带来一系列的风险，有时候连公司都可能被毁掉！

1. 股权激励的五个误区

股权激励也是一把双刃剑，用得好能激发员工的热情，用得不好容易适得其反。股权激励存在以下五个误区。

- 核心员工占股过高。有可能导致他随意谋取私利而损害公司利益。
- 不让员工出钱。为了让员工珍惜手中的股权，如期权、期股、业绩股票、虚拟股，往往员工出资效果更好。

• 没有及时适当地披露财务信息。比如，公司销售额、利润等数据，员工如果对分红、股份计算的真实性缺乏信任，就难以发挥股权激励应有的效果。

• 只重视激励高管人才，忽视员工。要让员工看到成为股东的希望，毕竟公司是每一个员工努力工作才能达到的最好业绩。

• 缺乏配套的绩效考核体系，股权激励不能光凭领导的感觉来分配，要把营业额增长率、净利润增长率、客户满意度等作为考核指标。

2. 为什么股权激励没有效果

很多老板参加一些股权培训班学习后，也回到公司学着做起股权激励，但是实际上却很难收到理想中的效果。这是什么原因造成的呢？

• 本身方案就有问题，如没有相应的绩效考核，指标也有问题，方式本身设计就不公平。

• 只有硬推激励方案，没有辅助相应的文化宣导活动，如没有成功的样板人物，也没有召开大会去宣导，签完协议就算完事。股权激励是一个系统工程，不是一两天就能完成的。

• 老板说话不算数，也就是无法兑现，员工不再相信，这是最致命的缺陷，老板没有诚信可言。

• 企业创始人不了解员工的真实需求，也没有做调研访谈，激励达不到目标。

• 企业经营问题多，发展不顺利，导致员工对企业没有信心，最后激励肯定失败。

凡此种种，都是股权激励达不到理想效果的原因，有的收效甚微，股权激励要想成功，必须要做到统筹考虑，科学规划，严格实施，不断改进。

3. 股权激励没做好带来的六大风险

股权激励现在越来越受到企业的重视与应用，但是如果没有做好，可能会带来以下风险。

- 助长员工的懒散之风。激励对象以为股权激励就是给自己的奖励，认为自己是功臣，总想不劳而获，没有业绩考核和相应的约束机制，总以为公司欠他的。

- 股权分配可能会因分配不公带来负能量。孔子在《论语·季氏》第十六篇中指出："不患寡而患不均"。意思是说不担心财富不多，只担心财富分配不均。

- 增加人力成本，股权激励分的是市场的钱、未来的钱，一定要做好业绩才能进行兑现，基于激励对象未来的表现分发相应权益。

- 造成权力失控，老板可能会失去控制权，这个很危险。有的老板没有控制权意识，经常分配股权，最后自己连 10% 都没剩。

- 带来法律风险，员工成为股东，经常运用法律武器来控告公司。还有老板做关联交易，损害股东利益。如果激励只是口头承诺而不兑现，员工可能会告公司。有的老板在酒桌上就说要分多少股权给员工，结果又不兑现，这都是很儿戏的事。

4. 期股或期权的退出情形和方式有哪些

激励对象拥有期股或期权，说明他对公司的发展是有信心和期望的，希望有一天能顺利退出。那么，有哪些退出情形和方式呢？具体如下。

- 辞职：可设定行权期为两年。如两年内辞职，公司以本金 + 利息回购；两年后辞职，公司可享受优先回购权。

- 辞退：公司以出资人的本金 + 利息来回购全部股份。

- 同级调岗：维持不变。

- 晋升：原有股份不变，还可考虑授予新的期股或期权，因为这是对该员工的一种高度认可。

- 降级：如果在等待期则取消或减少期权，如果在行权期则保持原有股份维持不变。

- 违规：如果给公司带来损失，从已出资部分扣罚，行权期则从分红中抵扣。

- 转让：在等待期是不准转让的，在行权期转让要征得公司同意，可以转让给第三方，但公司享有优先回购权。

以上七种情形，可以供各位在实施股权激励时参考，当然也不是唯一标准，可以双方酌情考虑。

【小结】

很多老板做股权激励的初心就不纯，是想以股权激励来牵住员工，说你是公司股东了，要时刻为公司着想，不要总想着加班还要拿钱。其实股权激励也是相互的，老板必须要有诚信，当激励对象也变成股东时，他有权利了解公司的一些基本情况，如公司的发展战略与盈利情况。不能始终把激励对象当作外人，对他们不放心，提防着他们，这样激励效果肯定不佳。因为你与激励对象貌合神离，根本不是一条心。建议各位做股权激励的创业者们，不要重蹈何君毅的覆辙。

第 7 章

破解融资协议中的陷阱

好不容易投资公司跟你谈签投资协议了，你是不是很兴奋？别急！资本都是逐利和贪婪的。因此，很多融资谈判的技巧我们还要掌握，尤其是厚厚的协议上专业名词那么多，可能有不少坑。如何破解这些条款中的陷阱，也是科学创业时代，创业者要必备的"功夫"。

7.1 融资谈判有哪些关键技巧要掌握

【小案例】

有一个宠物 IP 文创类的早期项目，创始人毛建华曾任职上市公司品牌总监，对于打造 IP 品牌有自己的工匠精神与执着追求。

当时我帮他找了几家专业对口的早期投资公司，毛总希望是一定要懂他的投资人，能够与他一起共同成长的，融资额度为 800 万元，投后估值 4 000 万元，稀释股权 20%，投资人对他的专业精神和详细运营计划很欣赏，不到两个月就签了 TS（投资意向书），但在谈具体投资协议条款时，毛总坚持 800 万元的额度，少一分都不干，他觉得要做成 IP 品牌，800 万元是最起码的预算，但是投资公司觉得太早期，只想投 600 万元，事实上少 200 万元还是可以运营的，最后僵持了半个月，我在中间做协商人，毛总始终不同意。

后来我又找了其他的投资机构，他们都认为投资有风险，投资额度也越来越少，投早期的募资也难了。过了半年后，毛总只能用自己的房产做抵押贷款，维持公司基本运营，没有了资本支持，公司发展比较缓慢。

【全拆解】

上面案例中的毛总坚持自己的观点，没有与投资公司形成良好的沟通，错过了最佳的融资机会，公司发展也就没有理想中顺利，甚至到最后举步维艰。创业者融资时与投资人谈判，要学会换位思考，不能一味坚持自己的原则不放松，有一些谈判的经验是值得学习的。

1. 融资谈判成功的经验之谈

融资的过程也是创业者与投资人相互博弈与妥协的过程，最终达成一定程度的共识，共同把项目做得更好，双方获得利益，这些谈判的经验是值得学习的。

- 对于投资条款，要有所选择地关注一些重点条款，如对赌条款。

举个例子：假如你信誓旦旦跟投资公司说 2023 年利润可达到 1 亿元，投资公司给的是 8 倍的 P/E 估值，也就是你的项目估值是投后 8 亿元，投资公司投你 8 000 万元，占 10% 股权。

投资你后，事实上你的利润只有 6 000 万元，按 8 倍估值，整体估值就要调整为 4.8 亿元，投资公司还是占 10% 股权，那就只需投 4 800 万元，需调整的投资部分为：（8 000–4 800）=3 200 万元。

这个差价或用新的估值来计算当时投入资金所占有的股权比例，由你这个实控人来补足，或维持 10% 的比例而退还相应资金。

- 自己公司的股权结构要很清晰，你能稀释的股权比例要有底线，不能为了快速融到钱，无限制地稀释股权。

- 最好能请到一位懂股权的律师，对于一些重要的条款把关，当然自己也要学习基本的股权知识。

- 不要被投资人说的"这些都是通用的标准条款，我们都是这样签的"话语蒙过去，很多投资条款都可以通过谈判做调整。

- 可以要求投资公司有一个决策人和领投人，这样更利于投资后的价值服务。

- 不要急于求成，表达自己公司非常缺钱的现状，要沉得住气，越自信的创业者在融资谈判中越有利。

- 选择一个价值观相同的投资公司,他不仅仅是投你一笔钱,他还会引进下一轮融资机构,帮你一直在资本市场上进步。

- 万一谈不拢,准备一个最佳的替代方案。比如,上面案例中的毛总就是没有替代方案,一直固执地坚持自己的一个方案。

2. 从五个方面学会选择拿谁的钱

可能一家已经盈利 1 000 多万元的婚庆服务公司,并没有投资人感兴趣。但是一家没有盈利的科技公司,投资人却争着想投。原因是婚庆公司有极高的复制成本,投资人在未来看不到爆发式增长的能力。据创业权威网站统计,46.7% 的首次创业失败者,认为"拿错了钱"导致其失败,64.8% 的创业者认为早期过于担心资金问题出让了过多股份,最后丧失对企业的控制权。

如何选择"拿谁的钱",这是一个很重要的创业话题,可从以下五个方面去考虑、评估并做出决定。

(1)不要等公司账上没钱了才想到融资

压力之下创业者不会考虑钱的来源是否有利于未来发展的问题,而且一旦投资人发现你要的钱是救命稻草,就会变本加厉地施加各种限制条件。当你觉得公司会在 10 个月内实现盈利时,就要做出 20 个月不盈利的准备,有的成熟创业者在项目第一个月就开始筹备融资的事。

(2)一次融资要能足够支撑做出阶段性成果

创业者如果要在 12~18 个月做出阶段性成果,这时要单点突破在市场上充分验证,形成阶段性成果,这样估值也会越高,形成良性循环发展,千万不要随便转让股份,吸引投资,最后把股权结构弄得很复杂。比如,有一个 3D 打印的项目,股东有 19 个,有的投资才几万元就占股几个点,投资公司对这样的项目都退而避之。

(3)刚开始不要出让太多股份

有的个人投资者手里资金比较宽裕,因此在投资技术创新型公司时,往往会索要超过 40% 的股权，认为一旦发生风险，可以通过技术转让套现来弥补损失。一般来说，第一轮出让 15%~20% 的股权是合适的，太多了不行。

（4）不要让投资人过多干预经营

有志于创立伟大事业的创业者，都把投资人看作是创始团队的一员，尽量找对行业有深刻研究与理解的投资人，他们是财务合伙人。如果投资人过多干预经营管理，不利于企业的长期发展决策。

（5）随时准备下一轮融资

创业者可以把知名的投资人作为创业公司的品牌背书，提升自己在投融界的受关注度。有的知名投资机构可能决策慢，甚至不排除投资机构的合伙人很可能自己先投一小笔资金，过段时间再让他所在的投资机构继续投资的情况。

总之，要立足于长远发展考虑，选择有利于企业长久发展的有质量的钱，不是谁给的钱多、要求的股份少，就要谁的钱。

3. 投资谈判的四个重点

在投资谈判中，一些小细节没必要斤斤计较，但以下四个方面一定要重视，不可轻视。

- 公司估值：报价最好高过预期的底牌，为后面的谈判留下周旋的余地。投资人一般会压低估值。制造业估值可用年销售额乘以 2，批发业则乘以 0.5，商业零售业就是乘以 1。

- 团队期权及创始人股份行权计划可以各让一步，投资人要求创始人及团队在一定时间内不能离开公司，若离开会损失未行权的股份。

- 领售权，可以增加限制条件，如发起领售权的股东人数，在半数以上。加上触发增加股权比例的条件（如 2/3 持股），延长行使领售权的时间（如三年），限制收购公司的第三方主体不能是竞争对手或投资人有关联的公司。

- 保护性条款不要束手束脚。比如，投资人派董事，拥有投票权、优先股等，这些条款可以爽快答应。

【小结】

跟投资人谈判，是以最终达成双方共赢作为终极目标，互相协商，确保能够使自己快速获得融资，驶入发展的快车道，不要在一些无关紧要的细节上犹豫不决。

- 创业者见投资经理时要自信，不要让投资人对自己的诚信产生怀疑。

- 如果你和投资人的关注点是一致的，这样最好，但如果分歧太大，这件事很难成功。

- 学会回应投资人的质疑，有质疑是好事，不要绕开问题，发现问题并及时改进，把问题解决好。

- 想法不要模棱两可，不一定要顺着投资人的话去说，但要尊重事实，客观回答。

- 卸下伪装，不要说你认识很多投资人，要和投资人交朋友。企业在上升期融资最好，要留足 6 个月的现金。

7.2　签投资协议时要注意哪些重要条款

【小案例】

一个做素质教育项目的创始人胡永丰终于等到投资人跟他签订投资协

议，这是一个里程碑式的胜利，如果没有这笔投资款，公司可能就面临倒闭了。他太珍惜这次融资成功的机会了。

当投资人把几十页的投资协议拿给他时，他蒙圈了，上面的很多专业条款：优先购买权、优先分红权、清算优先权、回售权、估值调整条款、领售条款、共同出售条款、知情权条款、公司治理条款，他都不明白其中的含义。投资人说这是标准条款，很多都是这么签的，但是他拿给我看，我征询专业律师意见后，发现其中有很多重要条款是有坑的，如投资公司有一票否决权，对于公司的战略做出重大调整，投资公司认为不符合资本发展的方向，投资人是可以否决的，这其实变相剥夺了创始人的决策权。另外，还有其他的一些重要条款，经过跟投资公司坦诚的交谈，最终投资公司做出了修改，删除了几条不利于创始人决策与发展的权利，最终签下了一份双方共赢的条款。

有了这份投资款，项目经过了几轮融资，后面被一家上市公司并购，创始人实现了自己的人生目标。

【全拆解】

通过以上案例可以看出，创始人很少学过金融、财经类知识，对于一份复杂的投资协议中的条款，哪些是重要内容，哪些是有风险的，他们心中是没数的，一旦因为融资心切，忽视了其中的重要条款而草率签约，可能会造成自己的控制权被投资公司收回，成为局外人的悲壮下场。

那么，要签投资协议时，自己不专业，寻求专业服务机构来辅导，应做好哪些准备呢？

1. 签投资协议前要做哪些准备工作？

投资公司的钱没到公司账上之前，创业者还是有很多准备工作要做。

- 获得股东会决议，要通过 2/3 以上表决权的股东通过，投资协议才能生效。

- 签投资协议后等 1~2 个月去工商注册变更，这是一个过渡期，这当中有什么问题，要及时与投资人沟通。

- 签了协议，资金也到账了，要及时进行工商变更，取得法律地位，有利于双方开展工作。

- 最后要签一份合作备忘录，包括有约束力和无约束力的条款，如保密条款、独家谈判条款、提供有关文件条款、配合对方进行调查条款，以及一些具体的商务条款。

做好这些准备工作，签署投资协议时就更加胸有成竹。

2. 投资条款中的含义

正式投资协议中的投资条款一般会包含以下常见条款，如图 7-1 所示，要弄明白其主要内容和含义。

图 7-1　投资条款中的主要内容和含义

- 优先分红条款：股东之间可以约定不按持股比例分配红利，优先分红条款的设计要符合法律的规定。

- 优先清算条款：当投资人的投资回报（往往是投资本金加一定利息）与其在公司清算中实际分配所得的剩余财产存在差额时，目标公司的原股东应当以其在目标公司中分得的清算资产优先支付给投资人，以弥补该差额，从而变通实现优先清算权。

- 对赌协议（估值调整机制）：简单来说，创业者如果之前跟投资人承诺的业绩达不到，要么稀释股权，要么赔钱。早期项目尽量不要签对赌协议，企业可以优先选择风险较低的借款方式筹集资金，在不得已的情况下才选择对赌协议方式融资。

• 反稀释条款：也就是说，投资人不希望下一轮融资时，项目的估值还降低了，这样相当于他的投资失败了，该条款主要包括优先认购权和最低价条款。

• 董事选任、投资者一票否决权条款：一般投资人投资后，会要求一个董事席位，有的成熟项目要求有一票否决权。

这些基本条款的内容，你了解清楚了吗？

3. 签投资协议要注意的三大细节

投资协议是有法律效力的，要谨慎对待，以免功亏一篑。要注意以下这些事项。

• 要正确对待协议中的保护性条款，要尽量减少保护性条款的数量，可提升到董事会表决级别，不由投资人的优先股权力决定。要争取条款生效的最低股份要求，比如约定：如果投资人投了跟项目有直接竞争关系的对手公司，保护条款就失效了。

• 要把注意重心放在融资条款上，而不是估值上，可以请好的财务顾问、律师来把关条款。

• 不要为了拿到钱就做不好的交易，如为了获得投资人的认可，就答应一定达到什么业绩要求，结果没有达到，可能融资的钱就不够用了，公司要启动第二轮融资时，结果就不会很理想。

4. 引进投资时要坚守的三条底线

创业者在引进投资时一定要坚守三条底线，如图7-2所示。

图 7-2 引进投资时要坚守的三条底线

第一条：控制权底线。

创始人要牢牢把握控制权，如 67%、51% 和 34% 等。如果失去控制权，相当于公司被人家收购了，你辛辛苦苦创下的业，成了别人的孩子。

第二条：对赌底线。

因为你一旦达不到对赌的标准，就可能丧失股权或者要求现金补偿，所以要评估对赌事件发生的概率和自身的负担能力，特别同时约定了强制随售权条款时，要对可能发生的一系列后果有充分的预见性。

第三条：回购底线。

要注意控制回购的成本及责任范围，底线是创业股东个人资产不得被连带用于担保履行回购义务。创业是为了让生活更美好。一般是以创始人持有创业公司的股份为限承担有限责任，超出回购能力的部分不再回购。

把握创业融资的底线，不要因为融资最后弄得家庭破裂、生活不幸。

5. 从俏江南融资失败与阿里成功看融资技巧

俏江南与鼎晖对赌 IPO 失败，导致张兰出局。阿里多次融资都大获成功。

那么，融资到底有哪些技巧值得创业者借鉴呢？主要有以下三个方面，如图 7-3 所示。

图 7-3　融资技巧

（1）与企业发展状况相匹配。融资要恰到好处。俏江南获得 2 亿元稀释 10.53% 的股权，对赌 IPO 就是一个错误。而孙正义要投 3 000 万美元给阿里，马云却只要 2 000 万美元，这个额度在当时是很合适的。钱要多了并不一定是好事。

（2）谨慎选择投资人。比如，CVC 投资大娘水饺后几度易主，有些产业投资基金从刚开始就是冲着控制被投公司去的，因此这个风险要在相关协议中予以规避。

（3）谨慎签订投资协议。对于公司投后的股权结构，预防可能发生的因股权稀释造成的原股东控制权转移的风险，这些都要特别注意。

资本就是一把双刃剑，用好了乘风起飞，用不好从此倒闭熄火。创业者一定要注意把握风险。

6. 签股权投资协议时有哪些注意事项

工商登记只是股权变动事项发生对外公示的效力，不是股东变动的生效条件，凭借股权购买协议及公司更新后的股东名册，投资人在法律上足以被认定为公司股东，变更手续没完成，不妨碍股权效力。签订投资协议时需要注意的事项如图 7-4 所示。

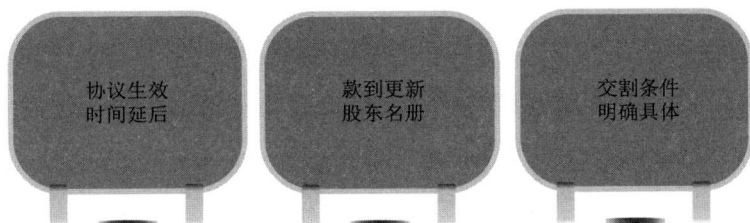

图 7-4　签订投资协议时需要注意的事项

- 协议生效时间延后。尽量使股权投资协议（以下简称 SPA）的生效时间延后，如以投资款项到账之日起 SPA 生效。

- 款到更新股东名册。股东名册的更新也在投资款项到账后进行，在此之前维持原状，不要急于更新，一定要等款打到公司账上。

- 交割条件明确具体。交割条件要明确、具体、可执行。比如，约定自 SPA 签署之日起 60 天，或者一方向另一方提交协议列明的交割文件后（以先到者为准），作为交割的具体日期。

【小结】

在跟投资人谈投资条款时，创业者可以给投资人创造一个竞争性环境，可以多找几家投资公司一起竞争，给投资人营造一些压力和危机感。当然圈子很小，如果你的项目不是很优质，也不能做假。以下四点要注意。

- 突出自己项目的优势，拿行业内成功和失败的案例作对比，体现你是这个行业的专家，说明自己项目在竞争对手中的优势。

- 让律师做好配合，如投资协议要谈判时，可以让律师唱白脸，你自己唱红脸，红白战术可避免投资人和自己发生冲突时，分担自己的压力。

- 谨慎回答一些问题，如问你有没有竞争对手，你千万不要简单说没有。问你是否愿意退出项目时，也不要说永远不会退出。

- 对于重要的条款，一定不能掉以轻心，尤其不能轻易就答应可以的，否则做成不好的融资交易，后悔莫及。

7.3　如何破解投资条款中的陷阱

【小案例】

　　有一个充满激情的创业者叫蔡佳明，之前在知名团购网站做过运营主管，对于互联网用户的增长有独到的方法，后来创立了一个社区团购的项目，也很快找到了投资方。他信心十足地跟投资人签了对赌协议，承诺半年内用户数量从 1 万增长到 100 万。因为他之前所在的公司只用 3 个月就达到这样的增长，所以对此目标他有十足的信心。

　　投资协议中的对赌条款是这样约定的：如果蔡佳明达不到自己承诺的半年达到 100 万用户数的目标，要么他再稀释 20% 的股权，要么赔偿投资额的一定比例。蔡总很有把握能够达到，而且还希望投资公司在达到标准后给予他一定的奖励。

　　由于市场的变化，他之前在知名公司做的用户补贴方式不太管用了，用户的黏性也没那么强，最终半年过去了，用户数只有区区 38 万，只完成了 1/3。结果可想而知，蔡总经过这一轮融资，自己的股权就被稀释了，剩下不到 50%，他不由地对未来的发展充满了悲观，再融资时也不会轻易签对赌协议了。

【全拆解】

　　上面的案例是蔡总按照之前大公司的玩法，以为用户数增长是很容易的事，轻易就陷入了投资公司签对赌协议的陷阱，结果把自己宝贵的股份给送了出去，使得公司未来的发展充满了不确定性。这也值得创业者时刻保持警惕。

科学创业时代，千万要小心陷阱，尽量少走弯路、少踩大坑！

1. 签投资意向书要注意哪些事项

投资意向书，英文缩写为 TS。创业者通过洽谈，与投资公司签署了 TS，但创业者还是不明白其中的一些规则是什么意思。

其中很多条款实际上也是舶来品，如清算权、知情权、优先权、领售权等，普通创业者很多可能不理解它的含义。

- 首先要确认估值是指投前估值还是投后估值，对于创业者来说，锁定投前估值给自己的回旋余地会大些。

- 先快一点融到钱，对双方都是一种确认和锁定关系，其他的一些细节少纠结。

- 投资人进来前，一般要让创始人分配给团队 10%~15% 的期权。如果团队不完善，创始人可以多留一些。创始人和期权的授予一般为 4 年，每年可以成熟授予 25%。

- 签了 TS 之后，创业者仍可以秘密约谈其他投资机构，不要以为签完就万事大吉了，钱没有真正打到公司账上之前，一切皆有变数。

总之，快速确认重要信息后，少纠结那些惯例条款，用最短的时间完成交割流程才是正事。

2. 如何防止创业弄得家庭破裂

有的创业者融资不顺利，签订了不平等的协议，最后导致公司资不抵债，弄得家庭破裂，得不偿失。那么，如何避免发生这种情况？主要有以下三点建议，如图 7-5 所示。

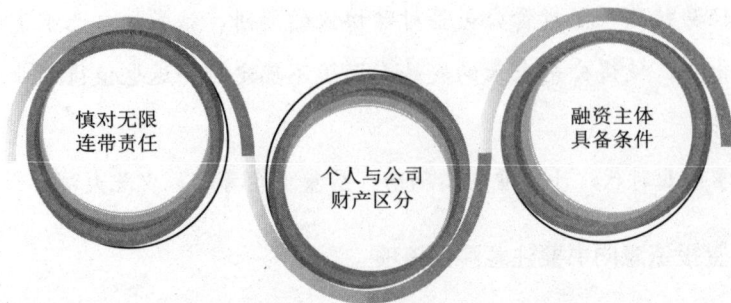

图 7-5　防止创业弄得家庭破裂的三点建议

- 创始人要慎重对待无限连带责任。在各种谈判条件中，投资人如果要求对他的收益或损失承担连带担保责任，要慎重选择。

- 创始人个人与公司财产要严格区分。防止被认定为滥用公司法人独立地位和股东有限责任，避免承担连带责任。投资人利益保护和创始人的责任负担要在一个合理基础上追求平衡。

- 要让融资主体具备独立的资本运作能力与条件。针对不利的条件要进行股权重组，放到融资主体之外，其他的保留在融资主体内。

3. 要充分理解投资协议条款

投资公司一般会在签署协议条款上控制风险，如从对赌、反稀释、增持、共售权等条款来实现利益最大化，同时尽量降低风险，创业者要从以下四个方面来读懂协议条款的真正含义，如图 7-6 所示。

图 7-6　从四个方面读懂协议条款的真正含义

- 柔性对赌指标。对赌，无非是赌业绩、赌上市。建议创业者采用柔性的对赌指标，比如用户量增长、分阶段对赌目标，不要为了拿到钱而盲目签下那些根本达不到的对赌条款。

- 加权平均反稀释。反稀释条款是指投资公司不愿意看到投资的公司越来越不值钱，会要求保留转换权和优先购股权。建议采用加权平均条款较为合理。如果公司后续发行股份的价格低于前轮投资人适用的转换价格，那么，前轮投资人适用的实际转换价格调整为前轮优先股转换价格和后续融资发行价格的加权平均值。在加权平均条款下，优先股转换价格的调整不仅考虑后续发行的股份价格，而且考虑其权重（发行股份的数量）。

- 共同出售权。当达到协议条件时，投资人有权要求创始人必须同意被收购，启动程序可以是三分之二投资人同意或董事会过半通过，比如你说三年会上市，但没成功，就可以行使这个权利。这样既可以限制大股东，也有利于投资人与大股东相同的股权变现能力，这个条款是可以理解的。

- 没 IPO 企业赎回。没有按时实现 IPO，被投企业以不低于投资时的价格赎回自己所持有的股权，或要求原股东或管理层受让其股权或将股权转给第三方，投资人套现。

4. 这四个对赌风险要小心

创业者获得投资公司的投资意向书后，如果协议中有对赌条款，那么一定要小心以下四个方面的风险，如图 7-7 所示。

图 7-7　小心四个对赌风险

（1）业绩对赌的风险。如果你为了快速拿到钱，轻易承诺自己根本达不到的业绩，那么，可能到时会损失更多钱或者失去控制权。

这里教你四招来有效避免风险：做好尽调工作、合理制定对赌标准、明确且强化管理层控制权、提前规定审计问题。

（2）上市对赌的风险。俏江南对赌失败后失去控制权的案例大家都很熟悉了，因此最好不要约定上市时间，而且企业一旦进入拟上市程序，证监会也会要求先解决这些对赌条款。

（3）管理层对赌的风险。也就是说，你公司对赌的业绩标准达不到，投资公司可以更换新的董事人选进入公司，这对你公司的决策管理将产生重大影响。

（4）反稀释的风险。简单来说，你在后面几轮的估值需要越来越高，这就要求你的项目越做越好，这可能会让你为了达到高估值，无限扩张，把业绩当作第一任务，反而对于产品和用户方面没有之前用心。

5. 签对赌协议如何防范风险

对赌一般要进行估值调整、业绩补偿和股权回购，为规避风险，需要做好以下三件事。

第一件，合理设定对赌的评判标准。如果对赌标准设太高就明显偏向投资方，我们要全面分析自己的综合实力，设定有把握的对赌标准，维护自己的利益，要对整个行业发展、竞争情况、核心竞争力有充分把握，这样谈判时才会占主导地位。

第二件，对赌双方都要调低预期。重新考量对赌协议，在协议中一定要主动调低双方的预期，尽可能地为公司留足灵活进退、自主经营的空间。

第三件，精心设计与协商协议条款。条款主要是约定未来某一时间判断公司经营业绩的标准，约定标准未达标时，公司补偿投资方损失的方式和额度，所以要仔细推敲。

双方的风险防范条款，对赌标的不宜太细，配合投资人做好尽调，与投资人共同制定预期目标，这对大家都是负责任的态度。

6. 签对赌怎样才有效

投资公司要跟你签对赌条款，你知道"不能与目标公司对赌"的原则吗？对赌的对象只能是公司原股东，不要将目标公司直接作为回购主体。

图 7-8 很清楚地表明了对赌对象的有效性，跟目标公司对赌无效，跟公司的股东对赌是有效的。

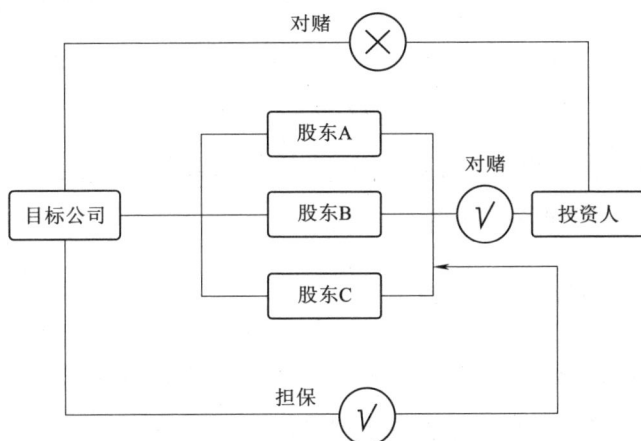

图 7-8　对赌对象的有限性

目标公司可以作为公司原股东回购义务的担保方出现，为公司原股东的回购义务承担担保责任。

提供担保也须经股东会或股东大会决议，履行必要的内部决策程序。

对赌失败后常见的补偿方式有三种：现金给付、股份补偿、股份回购。

投资公司一般会跟大股东进行现金对赌，上市前对这些回购条款进行清理。

7. 领售权条款的谈判要点

领售权条款是指投资人为了降低风险，强制出售公司的条款。如何针对领售权条款进行谈判呢？要注意以下几个方面。

- 让公司中持股比例很少的普通股东与所有股东签署领售权条款，也是必要的。

- 除了半数或 2/3 优先股股东同意外，还要董事会通过才激发条件。

- 确定一个出售的最低价格，如清算优先权一般是 2 倍回报、3 倍上限。

- 最好是现金支付，但竞争对手或投资公司的关联公司不能作为买家。

- 创始人不愿意出售，创始人也可以同样价格或条件回购。

- 要求给予足够长的时间，如四五年后，如果风险投资仍然看不到 IPO 退出的机会，才允许激发领售权，通过出售公司退出。

- 创始人同意出售，可要求不必为交易承担并购方要求的在业务、财务等方面的陈述、保证等义务。

8. 优先清算权原来这么算

优先清算权就是一旦公司清算时，投资人可根据协议先拿走自己的投资款和利息，再按其持股比例对剩余款进行二次分配。

举个例子：投资人投资 2 000 万元，占股 30%，公司可分配净资产为 6 000 万元，按投资款的 150% 优先分配，那么投资人应分得的钱为：

2 000 × 150% ＝ 3 000 万元

（6 000–3 000）× 30% ＝ 900 万元

3 000+900=3 900 万元

合计：3 900 万元

当投资人的投资回报（投资本金加一定利息）与其在公司清算中实际分配所得的剩余财产存在差额时，目标公司的原股东应当以其在目标公司中分得的股权价值来清算资产优先支付给投资人，以弥补该差额，从而变通实现优先清算权。

看到这里，大家明白了吗？实际情况中要删除这个条款比较难，但是可以明确优先清算权的激活条件。

可以设置这样的激活条件：启动清算，可约定创业者全部人同意，或只需投资人全部同意即可；还可以约定年收益率作为激活条件，如年利率为 8%~10%。投资人对于天使期的收益率可能会选择放弃，如 A 轮为120%~150%，B 轮为 150%~180%。

9. 如何签竞业禁止协议

竞业禁止就是签约对象自从公司离职后一段期限内，不得成立类似公司或到竞争性公司工作。签竞业禁止协议时要注意以下内容。

- 签协议是针对一些特定雇员（如发起人股东和事业合伙人股东、核心高管和技术主管），但不是所有的员工，不要随意扩大对象范围。

- 竞业范围主要禁止的是某一区域和行业领域，可按业态、产品、客户来识别，不能无限扩大到整个行业。

- 禁止的行为包括直接经营，与他人合作、合伙经营，在竞争对手那里上班，为对手提供顾问、培训服务，投资对手公司。有的还规定创始人不能把公司客户带到新的公司，也不得劝诱公司的其他员工和客户背弃原来的公司。

- 禁止的时间与领域、地区范围、技术更新等因素相关而有所不同。禁止时间是股东或任职关系结束后一定时间，如两三年，不能永久禁止。

- 签协议的雇员离职后不能从事自己所擅长的工作，生活和收入都会受到影响，企业应该给予雇员合理的补偿，如年收入的多少倍来补偿签协议的雇员。

- 签订协议的双方，如果违约了，都应该予以赔偿，计算违约金。违反了要赔违约金、损害赔偿金、惩罚性退出股权等。

10. 如何防止婚变带来的股权危机

大家都知道，土豆网上市前出现离婚，导致投资人"很受伤"。赶集网创始人婚变，打官司打了五年，结果 58 同城抢先上市。因此，投资人在签投资协议时，考虑签署这个"土豆条款"，就是为了防止创始人因为离婚行为给公司股权带来的损害。那么，怎样签署协议才更合理呢？主要有以下两点，如图 7-9 所示。

图 7-9　签署离婚协议时的两个注意事项

（1）协议明确离婚时股权处理原则。在股东协议中明确离婚时的股权处理原则，要求配偶在离婚时不对股权提出分割要求，由合伙人为其配偶提供同等价值的财产作为补偿。

（2）签财产协议时约定股权归属问题。夫妻之间签财产协议，实行夫妻财产分别所有、部分分别所有、部分共同所有的制度，约定婚后另一方只能获得相应的财产补偿，不对相关股权提出权属主张。约定股权不是夫妻共同财产，要签订相关协议来特别约定。

夫妻离婚分割股权主要有以下三种方式。

• 直接转让。召开股东会议，获得过半数股东同意，不同意转让的股东需自购转让的股份，受让方的夫妻一方，要符合公司章程中的条件。转让价格夫妻双方协商一致即可，无须审计。

• 作价补偿。简单地说就是离婚分钱不分股。如果持股一方是婚前出资入股的股权，配偶只能获得婚后收益分红部分和股份增值收益部分。具体补偿标准可找中介评估，也可自行协商。

• 拍卖分割。双方都不想持有股权，先通知公司其他股东作为竞买人参加拍卖会，如果没有股东参加或参加的股东不买，那么夫妻双方可对拍卖款进行平均分割。

完成交割后，提交一份给公司存档，通知公司其他股东，相关人员了解主要股东持股属于个人财产了。

11. 什么是优先跟投权

优先跟投权是指创业者一次没成功，五年内再创业，投资人可优先对他投资。这次投资款要把之前没收回的钱一并加上，成为这次投资款的总额。

举例说明：投资人投资 1 000 万元，占股 30%，企业可分配净资产为 1 500 万元，按投资款的 150% 优先分配。

1 000 × 150%=1 500 万元

（3 000–1 500）× 30%=450 万元

合计：1 500+450=1 950 万元

投资人的应收总计为 1 950 万元，而优先收回的投资款为 1 500 万元。这时，相当于创业者差投资人投资回报的不足部分为 450 万元。

如果两年后，创业者二次创业，投资人优先投资 500 万元，投资人对此次新项目的投资款即为：450+500 =950 万元。这相当于投资人把之前亏损的 450 万元给补回来了。

【小结】

对于创业者，走到签投资协议这一步已经十分难得，要注意避开投资协议中的一些致命陷阱。具体要注意下面的核心要点。

- 拿财务业绩对赌时，要把对赌协议设为重复博弈结构，降低当事人在博弈中的不确定性，千万不要承诺过高。

- IPO 上市其实是不允许投资公司与创始人签对赌协议的，但是投资公司往往会私下要求签署，所以当创业者要对赌上市时间时，一定要注意投资公司的"有条件恢复"协议。比如，投资公司会要求你如果将来企业没有成功上市，之前的对赌协议要继续完成等。

- 强卖权很有可能将你扫地出门，因此一定要小心，至少很可能会导致你的大股东控股权旁落他人之手。

|附　录|

提升创业成功率的 100 个创业心法

心法 1　不同行业商业计划书的重点是不同的。互联网 + 项目的重点是：日活、月活、用户黏性、获客；科技类项目的重点是：产品成本、渠道物流、产品研发迭代、营销；企业服务类的重点是：受众企业定位、解决哪些实际问题、收费模式是卖软件还是服务、如何产生黏性；文创类消费类的重点是：受众定位、品牌 IP、情怀与陪伴、如何产生共情作用；餐饮实体类：成本、产品特色、品牌、管理模式。

心法 2　了解正规投资公司的作业流程：找项目和初步立项→正式立项→专业尽调和投前诊断→投前诊断和投委会投票→投资决策和办手续→签协议打款并派管理人员。

心法 3　早期项目投资的三个逻辑：看是否有一个团结并有竞争力的团队；看市场规模在某个细分领域是否有一个大市场，增长快，竞争少；看数据和边际成本怎样。

心法 4 四句话说好商业计划书的重点：（1）我解决什么痛点？（2）我是怎么持续赚钱的？（3）为什么只有我能做好项目？（4）我要多少钱，释放多少股份？

心法 5 两个方法快速算出项目估值：（1）年收入增长 25%，估值即为年盈利的 25 倍；（2）暂无盈利，估值一般在营业额的 0.5~1 倍，技术型可达到 1~3 倍，爆发性增长的公司乘以 10 倍。

心法 6 投前估值和投后估值的计算如下：占股份比例＝投资额÷投后估值。投后估值＝投前估值＋本轮投资额。假设投前估值 200 万元，拟投 50 万元，融资后投资者持股占 20%。假设投后估值 200 万元，拟投 50 万元，融资后投资者持股占 25%。

心法 7 投资人不投你的项目的理由可能如下：需政府背书的行业或内容，过度稀释股权，密集市场和低利润率，偏离轨道的疯狂，进入门槛太低。

心法 8 哪些语言代表投资人拒绝了你？短信、微信、邮件均不回复；说等回公司开会讨论，等有了结果通知你；要不你先找一轮，下轮我们再考虑；这个领域不擅长，介绍更专业的给你；你的项目与我们已投资项目产生直接竞争；有一定用户量，我们再谈；你们公司在外地，不好进行投后管理；我们投过类似的项目，目前投资额度用完了；你们的股权结构不太好，不利于我们投资进入。

心法 9 早期项目尽调"三务"：（1）法务，有没有官司或股权结构硬伤；（2）财务，是否有债务或其他抵押等征信案底；（3）业务，盈利模式能否走通，未来能否持续赚钱。

心法 10 四种找投资人的渠道:(1)成功融资的创始人介绍;(2)线下沙龙活动见面交流;(3)路演、创业大赛活动获奖;(4)直接找财务顾问(简称 FA)带到投资公司见面。

心法 11 怎么跟投资人说项目盈利点:(1)现在的现金流,核心盈利点占 60%;(2)一两年的周边盈利点占 30%;(3)中后期的盈利空间占 10%,不要说太广泛,一定要掌握这个比例。

心法 12 商业计划书讲解可以采用 "3W1H1M" 的方法,也就是 "Who+What+Why+How+Money":我是谁?什么项目?为什么做?怎么做?要多少钱?

心法 13 介绍团队时不要犯这样的错误:无用、无效信息出现太多,与项目无关的不要说;兼职当全职,BAT 或行业大咖做顾问可以,但不要当团队;突出背景而忽略了业绩,一定要用数字来证明。

心法 14 给投资人发邮件时要重点说明:这是一个非常赚钱的大生意,我这个项目是靠谱的,我的团队是厉害的,我的商业模式是行得通的,要对我的赚钱计划有信心,我的估值是够诚意的。

心法 15 创业者如何反向调查投资方?可通过工商网站、国家征信网、企查查、天眼查、启信宝等。通过专业程度来了解投资人,提前要支付额外费用的,一定要小心。签合同时最好请律师审查。根据投资人的接洽态度来判断,太热情的反而不行。

心法 16 初创公司死亡 90% 的原因是什么?除了是伪需求外,没有现金流是最大原因。靠全新的愿景模型去说服投资人,但团队没有融资能力。

想靠务实的生意模型去赚点钱,但没有造血能力。先活下来,再可能融更多钱。

心法 17 投不投项目到底谁说了算?知名投资公司都会有设置投资决策委员会(简称投委会),主要负责对项目的投票决策权。单数构成,以一定比例来判断是否要投。即使票数已经出了结果,但有的公司董事长有一票否决权,大家虽然都看好,他可以说不投。大家不看好的,他也可以说投!当然这种情况比较少,一般是集体决策。

心法 18 这样的项目最有希望获得认可!你要清晰地反映你的项目一步步走向成功的信息:(1)产品何时通过测试并推向市场?(2)公司何时有正向现金流,何时达到盈亏平衡,这些太重要了。(3)你会一直持续为他们赚钱。这样都会抢着给你送钱来!

心法 19 早期项目如何财务预测?首先最好有一个 Excel 文件。一般会做到三年预测。重点是第一年,写清楚三个内容:营收、利润率、增长率。

心法 20 如何讲好市场规模?不能动不动百亿元、千亿元市场,那都不是你的。要讲明市场想象空间有多大,所在行业天花板有多高。用第三方权威数据来说明垂直细分有多大,太小则不行。

心法 21 商业计划书最核心的四个方面:(1)市场要足够大但又不要太大。时间窗口要走一步半,太快太慢都不行;(2)要具备竞争支配地位,优势持续保持相当长一段时间;(3)商业变现模型要清晰,盈亏平衡点要说清楚;(4)估值一定要合理,退出机制需提前协商好。

心法 22 路演评委最常问的三个问题:(1)你的项目如何运作?项目

创新在哪里？（2）是否有行业准入门槛？是否与竞争对手存在差异化？（3）财务数据的真实性、是否有关联交易？你可与团队在路演前做好模拟提问和回答，这样更增加临场感。

心法 23　投资人关心团队的三个方面：（1）团队核心优势与互补是否齐全，架构是否合理；（2）创始人的业务能力、社会关系、人格人品是重要指标；（3）团队手握什么样的资源、全职还是兼职、股权结构是否很清晰。

心法 24　如何说明自己的项目数据？早期项目，最好在融资前先做出一部分数据。如果没有，也可以做一份预测数据，包括已经洽谈或有意向签约的上下游合作商、客户名单，洽谈的照片、战略意向书也可以在商业计划书中体现出来。

心法 25　商业计划书如何介绍产品？不要展示太多产品图片，会显得杂乱无章。只需几张简单图片（产品图片、业务流程图等）和核心功能描述即可。可以提供网址或 App 名称，方便投资人能够亲身体验。投资人有兴趣会试试创业者的产品。

心法 26　正确认识对赌协议的利弊：（1）对融资方。好处是可以快速融到钱去扩张，如果业绩不错，资金利用成本低。坏处是盲目追求扩张，可能轻视管理，最终失去大量股权。（2）对投资方。好处是可以控制企业未来业绩，降低投资风险，坏处是相对出很多钱。

心法 27　如何合理设定对赌的评判标准？（1）如果对赌标准设定过高，利益就会明显偏向机构投资者一方，适当调低预期。（2）企业融资方要全面分析企业综合实力，准确判断企业自身的发展状况外，还必须对整个行业发展态势，如行业情况、竞争者情况、核心竞争力等有良好把握。

心法 28 优先分红条款是指投资公司要有优先分红权利，企业赚的利润先分给投资人，剩下的才给原股东分配，这是激励原股东努力经营企业，提高经营业绩。对策：股东之间可以约定不按持股比例分配红利，优先分红条款的设计符合法律的规定。

心法 29 防止技术风险的三种方法：（1）通过法律保护，对产品申请专利；（2）通过专业研究确保产品领先于同行的优势；（3）加大产品相关技术的保密程度。

心法 30 路演主要讲五个方面：（1）自我介绍，一句话定位项目；（2）行业与市场，市场细分领域规模，痛点与你的解决之道；（3）企业现况，用户数据、目前做到哪一步以及未来的发展规划；（4）团队介绍，主要用数字业绩说话；（5）融资情况，投后估值，要多少钱，准备怎么用。

心法 31 跟投资人沟通的四要、四不要：要主动和热情，要清晰认识底线，必要时拒绝，要了解对方的个人情况，要了解他已经投了哪些项目和专注的领域；不要回避任何问题，不要模糊回答，不要隐藏直接影响项目执行的任何问题，不要对条款太死板，可灵活处理。

心法 32 项目失败的五个常见原因：（1）处于概念期，不成熟的企业形象，无法估值；（2）不稳定的团队人员，没有核心人员；（3）不明确的发展定位，无法获得盈利；（4）不靠谱的商业模式，无法真正执行；（5）估值是天价，漫天要价。

心法 33 财务尽调常见的三个硬伤：（1）没有及时还贷的信用危机；

（2）不合理的民间借贷，非法吸收公众存款，集资诈骗、票据诈骗隐患；
（3）未依法纳税造成偷税漏税。

心法34　早期项目财税怎么做？（1）可请外包或兼职去处理财税问题，但要专业、值得信赖；（2）账目要清晰，外包公司还能应对；（3）发展到一定阶段就聘请专职人员，融资时最好有专职人员。

心法35　什么时候融资最好？增长率最快时融资，因为投资方看重的是数据的增长程度，数据涨到最高时融资，投资人可能预期你的数据会下滑，基本上就很难融到资金。发展好的时候尽量多融资，最大限度获得融资，这时融资相对比较容易；一旦项目遭遇一些问题和困难，可能就无法获得融资。

心法36　这些因素会提高你的项目估值：（1）你处的赛道、新兴产业、技术含量高、门槛高；（2）产品有运营数据，甚至实现了盈亏平衡，成长快；（3）有知识产权，尤其在国内甚至国际上有领先地位；（4）团队相对互补，而且执行力超强，而且团结；（5）未来的发展潜力大，具有想象空间。

心法37　不同的商业模式，估值方式不一样：（1）重资产型企业（如传统制造业），以净资产估值为主，盈利估值为辅；（2）轻资产型企业（如服务业），以盈利估值为主，净资产估值为辅；（3）互联网企业，以用户数、点击数和市场份额为远景考量，以市销率为主；（4）新兴行业和高科技企业，以市场份额为远景考量，以市销率为主。

心法38　估值中的成本推算法：在一年或一段时间内，你需要花多少钱把这项目做到投资人要求的标准。你的项目在未来一定时间内要花1 000万元取得阶段性成果，释放10%股份，投后估值即为1亿元。

心法 39 估值中的项目比较法：简单来说是找一个与你项目类似的估值作为参考标准。前提是那个项目有拿到融资，你的商业模式、团队、竞争力、切入点、市场前景与它差不多，而且时间窗口也类似，还要除掉估值的水分。

心法 40 估值中的重置成本法：相当于如果由市场上最合适的竞争对手，做出一个与你的项目同等水平和规模的项目，需要投资多少钱，相当于克隆一个与你一样的项目的成本估算。

心法 41 设置股权的几个方法：创始人要有控制权，掌握公司的发展方向，所以创始人股份一般是合伙人平均持股比例的 2~4 倍。合伙人或联合创始人，有一定参与权和话语权，股权基本上占 8%~15%。核心员工，主要是想要分红权，期权建议初次分配完之后同比例稀释预留 10%~20%。

心法 42 不同阶段股权激励的比例：（1）刚刚起步的企业，拿 20%~30% 份额来做；（2）成长期，拿 10%~15% 份额来做；（3）稳定期，拿 3%~5% 份额来做；（4）衰退期，不需要做股权激励。

心法 43 股权激励错误的做法：（1）为了招来高手，一来公司就分股权，他也没有做出任何成绩，这样会降低他的奋斗欲望；（2）不要只对空降兵进行激励，这样对老员工不公平，可能会让股权激励变成股权激怒。

心法 44 股权激励的钱由谁来出？（1）让员工自己掏钱来买；（2）买一部分，公司借一部分；（3）公司全部借，如果借钱他都不买，代表不忠心。股权千万不要直接送，员工会不珍惜。

心法 45 股权激励所得如何发放呢？最好不要一次性发放，这样有可能人就走了。（1）分三年来发放的话，按 20%，30%，50% 或按 50%，30%，20% 发放，或者每年按 33.3% 的平均发放。（2）分红在每年 1 月 30 日准时发放，公司代扣代缴个人所得税。（3）中间因个人原因离开公司的，原则上视其自动放弃剩余分红。（4）因个人有违法行为，也将取消剩余分红资格。

心法 46 四种股权激励模式的不同点：（1）身股是干股分红，不需到工商注册，只有分红权，没有决策权，人离开公司就没有。（2）期权，无分红 +IPO 后变现，"没有现在 + 疯狂未来"模式，没 IPO 就是一张废纸。（3）期股 = 身股（干股）+ 期权，解决眼前短期分红利益，也解决长期资本套利问题。（4）实股，都有分红、决策权和增值空间，一般分给入职五年以上，能力优秀，陪公司走过风风雨雨的中层干部。

心法 47 股权激励对象分为三批：根据对公司未来发展的重要程度、贡献大小，分三批进行激励。第一批：核心层，如高管、负责人；第二批：业务销售等中坚层；第三批：骨干层 + 苗子层，考虑培养周期、工龄、可替代性、业绩等综合得分来定。

心法 48 股权激励如何确定时机？（1）融资前：可能快速提升业绩、优化股权结构、提高治理水平和融资估值；（2）并购重组：快速融合新老团队；（3）转型遇到瓶颈：让团队重振信心、团结一心，谋求出路。股权激励的有效期：一般为 3~5 年；股权激励的考核期：1 年；股权激励的禁售期：一般为 3~5 年。

心法 49 股权融资的四种形式：（1）增资扩股。投资人向企业转款，总股本增加，钱是进入企业账户的，而不是进入创始人的个人账户；（2）股权转让。创始人把自己的股权作价转让给另一个股东或外部股东，企业并未获得资金，资金只是进入企业创始人的个人账户中；（3）资产作价入股。就是不投钱，而是以资产作价，如机器设备；（4）优先股融资。不按投资比例分红，分配权益按固定比例分红，不参与企业管理。创始人承诺按时赎回优先股。其实质是一种明股实债，定期分红相当于利息，定期赎回相当于偿还本金。

心法 50 关于 GP 和 LP：（1）简单来说，GP 是管理者，LP 是出资人；（2）一期基金的存续期一般为 8 ~ 10 年，前三年投资，后七年退出；（3）管理费通常为 2%，现在也流行逐年递减管理费。（4）收益分配是 GP 分 20%、LP 分 80%，变现一个项目就分配；（5）现在确保 LP 收回全部或部分成本，有个钩回机制；（6）门槛收益确保 LP 的最低年化收益率 8% 后再分配。

心法 51 有价值的公司有哪些特征？（1）产品或服务的延展性强，如滴滴出行从网约车到快车、专车、代驾；（2）业务的可复制性强，边际成本是递减的，共享单车可复制性强，2B 业务要定制；（3）市场的可拓展性强，可以口碑传播，获取新客户和转化难度低，产品技术壁垒高。总结为四个字：想象力大。

心法 52 融资要准备四种资料：（1）第一次谈之前，一两页的执行摘要，全是重点内容；（2）当面讲解，20 多页的 PPT，加深认识与印象；（3）尽职调查，详细的回复清单，可以是 Word 格式；（4）法律文件，销售合同、专利和之前的投资协议。

心法 53 创业合伙人的四种形式：（1）增量分红法。在传统工资奖金补贴的基础上，增加额外的利润分红；（2）分享虚拟股。企业资产换成股份，让员工享有分红权和增值收益权；（3）实股注册共享。这是比较常见的，按出资和时间等价值分配股权；（4）经销商合伙模式。不是销售产品，通过代理等获得公司股权。

心法54　创始人股权分配的基本计算法：（1）召集人，有强大号召力和牵头者，增加5%股权；（2）创意点子实现，成功就增加5%股权；（3）第一个实施者，多分配5%～25%股权；（4）CEO或总经理，日常管理，增加5%股权；（5）全职创业，比其他兼职的要增加200%的股权；（6）获得风投成功者：可增加50%～500%股权（以上比例针对创始人100%的股权基本来计算）。

心法55　三种持股载体的优缺点对比：（1）员工直接持股。优点是税负低，操作简单；缺点是大股东难回购。（2）通过公司间接持股。优点是政策风险小，股权可灵活调整；缺点是税负高，股东只能同步转让股权，决策力低。（3）有限合伙企业持股平台。优点是操作简便，税收低，可少量出资就完全控制企业；缺点是合伙人只能同步转让股权，要承担无限连带责任。

心法56　股权激励实施需要的成本：（1）聘请外部专家，一般为20万~50万元，水平不一样，价格不一样；（2）项目组人员工资：可以不额外支付，按原工资和工作量；（3）激励标的，不要支付对价的，要提前预算费用额度；（4）注册费用，主要是有限合伙企业的费用。

心法57　四招掌握公司控制权：（1）做好顶层设计，如67%的绝对控制权、52%的相对控制权等；（2）通过股东大会投票权委托、一致行动人、AB股等；（3）争取董事会2/3席位及董事提名权；（4）把控日常经营的营业执照、公章、财务章、U盾等。

心法 58 如何与投资人对接?(1)官网的邮箱或电话,发邮件或打电话过去基本是无效的;(2)一定要找一个特别熟悉投资人的熟人,让他带你去见;(3)国内活跃 VC 几百家,一年投 10 个项目的也就 300 家,可找对口的两三家试一下,看反应后做出调整;(4)如果几乎所有公司都不感兴趣,建议等一年后再去计划这件事;(5)可通过律师、会计师、专注创业的猎头公司来引荐;(6)通过融资成功的公司或其他创业者转介绍。

心法 59 拿到投资后怎样与投资人保持沟通?(1)保持业务沟通,前半年每周一次,半年后每月一次;(2)沟通产品、销售、合作伙伴等重要里程碑与计划;(3)听取行业趋势、战略构想、对比分析;(4)公司好消息告诉投资公司资历最浅的人,坏消息先告诉资历最深的人;(5)与合伙人开常规会议,会议前要电话确认,提供详细议程;(6)找投资公司提供业务、人才等资源协助。

心法 60 天使合投的优势:(1)天使也是半个合伙人,可能帮创业者融资源;(2)相互了解,在彼此熟悉的领域互相学习、交流项目;(3)可以投更多数量的项目,相对降低了风险;(4)避免恶性竞争和估值泡沫,互相交流信息;(5)可以多纬度判断项目,避免更多失误。

心法 61 路演如何获得投资人的信任?要实话实说,包括真实的数据和行业竞争的情况,投资圈很小。用客观事实代替主观臆断,用数据来说话,讲故事用事实。正视自己的过去和失败,分析失败的原因,而不是掩盖。抱好的希望,同时做坏的打算,如万一现金流不行了。要考虑对方的核心利益,如上市时间表、健全的股权和分红。以同理心去打动和说服投资人。

心法 62 回答是决定路演成功的关键,因此一定要把握好。要等评委把问题说完了再回答，一定要面带微笑，不要插话。当评委提出尖锐问题时，不要受情绪的波动，若回答不了，也不要强词夺理。当评委问市场空间是否足够大的问题时，要做好"小而美"生意的应答。对于时间节点的问题，要做出正是符合投资时间窗口的回答。关于股权分配，一定要掌握实控权、股权激励，避免对赌、代持。对于融资用途时，要明白市场扩张、技术研发、人才招聘等用途。

心法 63　路演这"四点"一定要说清楚：（1）痛点，是真正的痛点，而不是想当然不痛不痒的，没有真正的需求，要有针对性，不能假大空；（2）亮点，有些是国外成功的模式，但一定要有中国创新模式，符合市场需求；（3）盈利点，如差价、广告费、服务费、会员加盟费，不同阶段盈利点不同；（4）退出点，公开上市、股权转让（回购和并购）、清算。

心法 64　路演这些辅助材料可加分：专利证书、获奖证书、发布会照片、客户赞许评价、新闻报道、加盟专家顾问、权威国际大奖的现场照片和证书、项目落地的现场照片、产品的使用画面，采访用户后发表的看法和使用感受。

心法 65　资本思维的三个维度：（1）杠杆思维，也就是以小博大的方式，负债经营，贷款买房就是这种思维，经营利润率要高于负债成本才行；（2）市值思维，如你有1亿元净资产，3 000万元净利润，那么按照10倍市盈率计算，你的市值就不是1亿元，而是3亿元；（3）协同思维，以各业务间金融资源调配、内部融资为目的的资本运作。

心法 66　如何在5分钟内打动投资人？首先，要有一个适当的富有想象力的愿景，这个愿景要给投资人带来利益，而不仅仅是一句口号。其次，通过实事求是对项目进行适当包装，对合伙人、市场预测、投资回报等做到正确、合理。最后，对于内容、渠道、销售、运营等数据要做到门清，对答如流，心中一本明白账，可以脱口而出。

心法 67 如何做好融资谈判？当投资人用言语来影响你情绪时，你要努力克制自己，不要随便屈服，如股权多稀释或签对赌。站在投资人的立场，如果做满足双方的需求，可能得到不一样的结果。向投资人传达他一定是赢家，现在是最佳的投资时间窗口，会获得相当满意的回报。

心法 68 董事会席位设置的技巧：根据股权比例来设定董事，有限责任公司一般 3 名，股份制公司一般 5 名，A 轮后可以设为 5 名。可让投资人作为董事会观察员，可定期获得企业的信息，也不用为各种决定而承担责任。

心法 69 商业模式创新的思路：整合产业上下游进行扩张，构建竞争壁垒，阻止对手进入，如拼多多。对产品附加值进行改变，如微信短视频就有私聊功能。发现消费者新需求，引导他们重新选择，如社区团购的分享提成。精确细分价值，开发出更小类的产品和服务，满足个性化需求。

心法 70 合伙人后来不靠谱了怎么补救？明确划分双方的职责和义务，考核标准和奖惩，用贡献值来兑现股权，是动态设置的，可以变化。只想以技术入股，不想出钱，可以先借钱给他，或由其他股东帮他垫付，等赚钱了分红时还账，如果不乐意，就是没诚意了。合伙人中途退出，股权要与服务期限挂钩，退出可溢价回购。若不同意，可设定高额的违约金条款。

心法 71 四个算估值的方法：（1）盈利倍数法，简单来说就是你一年的盈利乘以一个倍数，如年盈利 100 万元，乘以 30 倍，估值就是 3 000 万元；（2）收入倍数法，企业没有盈利，可以用年收入乘以一个倍数，如一年收入 500 万元，乘以 8~10 倍，估值为 4 000 万 ~5 000 万元；（3）资产价值法，把公司值钱的作价，一起加出来。比如，团队值 500 万元，专利、商标值 1 000 万元，固定资产 500 万元，那么资产价值就是 2 000 万元；（4）市场惯例法，可以对比同类的项目或者融资成功的可参考案例，确定一个相对公允的估值。

心法 72　投资人看重怎样的股权结构？要有靠谱、格局大、有绝对控股权或相对控股权的创始人。保证合伙人的背景和经验与融资项目是契合的，要有项目领域相同的基因，如创办互联网项目，之前就一定要在互联网行业做过。要有 10% ~ 20% 的股权作为激励，引进优秀人才加入。不能给专家顾问、兼职人员发放股权，不要过度给普通员工股权。

心法 73　投资意向书（TS）的七大内容：（1）项目方的基本介绍、持股结构、主要业务与技术等；（2）投资的金额及具体安排；（3）通过净资产溢价、未来现金流折现、市盈率法对企业计算估值；（4）投资后的股权结构变化及资产重组情况；（5）上市意向和发展规模；（6）优先清算权，主要是清算时能保障投资者的利益；（7）估值调整协议，也就是利润保证的条款。

心法 74　创业要修炼好这八戒：（1）戒大。别老想改变社会，颠覆世界，一夜之间世界第一，从小开始；（2）戒贪。不要想把全世界的钱赚到，先想今天能否比昨天翻一番；（3）戒拖。创业实在不行，不必坚持，不要拖，病成抑郁症不好；（4）戒优越感。500 强、外企、海归皆过去式，现在你只是创业者；（5）戒躁。沃尔玛创了 20 年才开第一家店，要练内功，练真功夫；（6）戒言行过态。多听少说，说到就要做到，客户说好才是真的好；（7）戒学样。总是跟着别人屁股后模仿，不创新，成不了大业；（8）戒色。不要贪图美色。

心法 75 企业在不同发展阶段的战略和商业模式的重点：（1）企业创立期，战略重点是产品组合如何定位，从目标客户、合作伙伴和企业所有者来定位，产品进行组合搭配、差异化；（2）成长期，战略重点是如何持续创造顾客，主要是创造模式、营销模式、资本模式来运作，通过事业平台、股权激励、价值链合作；（3）扩张期，战略重点是商业模式如何进化，SPO核心竞争力模型，如"淘宝 + 支付宝"组合是阿里的根基；（4）转型期，战略重点是转型创新战略，如何开辟第二增长曲线，如进行内部孵化、分阶段系统化等。

心法 76 公司上市要付出哪些代价？（1）各项规范成本；（2）各种中介的费用；（3）创始人的等待，精神煎熬；（4）对员工的士气挑战。

心法 77 消费升级的五大趋势：（1）精致的悦己主义，就是注重自我个性表达，个性潮牌受欢迎；（2）情绪经济愈演愈烈，如奈雪、喜茶可以安抚用户的情绪；（3）以年轻人为消费主场；（4）虚实结合、文化增值、内容赋能；（5）效率提升与智能陪伴，懒人智能设备越来越畅销。

心法 78 如何选择创业合伙人？价值观相同，能力和性格要互补，如果你找合伙人，不要从你之前公司同一个部门的同事中去找，要找拥有在逆境、绝境中打胜仗的能力，具备极强的执行力和沟通能力的合伙人，将事半功倍。具备良好的人际关系，建立良好的个人信誉，与靠谱的人合伙，企业才会走得更远。

心法 79 创业者如何辨别伪需求？伪需求产生不了真订单。构建用户使用场景，但用户不愿持续购买产品，前期免费导入用户，采用补贴有增长，一旦没有补贴就没有新增购买了。少用资源定需求，这常常出现在传统企业转型的过程中，它的思维就是根据自身企业资源的条件，来定以后的发展，但忘了用户真实需求。

心法 80 融资谈判的技巧：见投资人要自信，学会回应投资人的质疑，有质疑是好事，不要绕开问题，发现问题并及时改进，把问题解决好。不要模棱两可，不一定要顺着投资人的话去说，但要尊重事实，客观回答。卸下伪装，不要说你认识很多投资人什么的，要和投资人交朋友。

心法 81 让估值加分的几个因素：创始人的业绩记录，之前如果有成功融资记录会加分。如果有 IP 而且有很大含金量，会加分。如果开始就确认这家公司可能会被其他公司收购，加分。拥有现成的分销渠道将让投资人有更大的信心。具有很好的增长潜力，能够在与竞争对手中获得胜利，这也是加分项。

心法 82 创业的"415"原则：创始团队不要超过 4 个人，团队必须有一个说了算的大哥，作为大哥应持有 50% 以上的股份。当企业遇到困难时，刘备必须是大哥，唐僧必须是师父。如果三人各占 33% 或 4 个各占 25% 的股份，就很可能反目成仇。

心法 83 非常实用的尽调方法：看创始人的表情和眼神，第一感觉很重要，低调的创始人反而好。参观办公室，看是否井井有条。列席办公会，看创始人是否一言堂。倾听老板对 90 后、00 后的认知，看是否了解年轻消费者。宴请老板一家人，怕老婆的不能投，不怕老婆的更不能投。关注宿舍、食堂和卫生间。跟企业附近的饭店老板了解，老板消费完后是否开发票。

心法 84 几个快速测算估值的方法：(1)一般按企业利润额的 6~8 倍来计算。如果销售规模比较大，估值可达到 20 倍。上市公司一般市盈率为

20~30 倍，是正常的；（2）企业净资产的 1 ~ 2 倍。比如，在建工程尚未实现盈利，可考虑以净资产作为估值依据。相当于新手机用旧了，价值就低了；（3）企业销售额的 1 倍左右。适合于软件、广告等轻资产行业，花一亿元买年收入千万元的网络游戏可以，而花 10 亿元买年收入 1 亿元的网络游戏项目则不划算；（4）年均投资回报率 15%，一般换算成投资者按未来 3~5 年的收益，折算成他的年均收益率。

心法85 如何让投资人对你一见倾心？你要善于全方位收集市场信息，了解上下游产业，看懂天花板。要深入了解用户需求，对培养用户习惯持谨慎态度。要精准把握创业节奏，早期人力、物力和财力都有限，没有疯狂试错的条件。要按照背景和企业发展节奏找投资，在天使、A 轮等不同阶段，寻找恰当的机构去谈。要懂得开源节流，做精准的财务预算，不浪费钱。要具有高超的资源整理和管理能力，有成为优秀企业家的潜力。

心法 86 如何牢牢掌握控制权？多轮融资要把握好稀释比例，不要一下子把股权分完，激励对象可以采用"分红权＋期权"的模式，但没有表决权，也不能转让或出售虚拟股权。小股东可通过一家持股实体，间接持有公司股权，而创始人成为这个实体的法定代表人、唯一的董事和普通合伙人，掌握表决权。成立一家有限合伙企业，创始人成为普通合伙人 GP，控制整个有限合伙企业，然后通过这个有限合伙企业控制公司的股权，其他股东只是 LP，不参与有限合伙的管理，也不能通过有限合伙控制整个公司。

心法 87 如何控制公司董事会？投资人通常会要求董事的任免权，增加一个董事席位，就同时要增加一个创始人席位，保证创始人席位一直多于投资人。独立董事最好与你关系好。确定合适的董事会主席人选，创始人要与他处理好关系。一个季度开一次董事会，一年最少要开六次，董事会不断演进和变革，开始时需要有营销公关资源的领导，成熟期要有经营性的管理领导。

心法 88　投资人研究项目的四个维度：（1）宏观逻辑。要从全产业链的生态去思考，还要从社会思潮、群体心理甚至是政治经济关系等大格局去看问题；（2）产业逻辑。不同产业在不同阶段的逻辑不同，创造性破坏更为普遍，企业与用户的关系发生本质变化，技术优势与商业模式周期变短；（3）业务逻辑。即使团队强大，如果企业的业务方向、战略布局不符合宏观逻辑和产业逻辑，也不可能发展壮大，可能中途就失败了；（4）财务逻辑。对企业的经营行为进行数字化、结构化的总结，分析和验证企业业务上的特征与问题。在大逻辑上有严重瑕疵的公司，成功的难度相当大。

心法 89　如何把企业做轻、价值做大？追求扁平化而非金字塔。华为就是让听见炮声的人决策，小米也是七个人的小团队作决策，腾讯也是以用户为中心。简化组织管理，管理者只做20%最重要的事，把80%的工作授权给其他人，每个人都有主观能动性。把卖产品思路变成卖体验，增加用户体验和降低用户使用成本。让规模变轻，让效率提高，小而美的公司是发展趋势。要注重客户，然后再扩大销量，先观察市场，再加大生产。

心法 90　如何讲好品牌故事？（1）寻找目标受众。发现用户痛点，如多芬针对新时代有独立需求的女性。（2）设定故事背景。通过讲核心价值观，搭建故事框架。比如，宜家家居品牌主推"营造温馨的家"来进行。（3）事件中不能没有激励。比如，无论是德芙的凄美爱情故事还是褚橙的励志故事，都以情感来引发消费者的情感体验，产生对品牌的认可。（4）维持故事的高潮效应。比如，蒙牛牛奶总是与中国航天等重大事件时刻捆绑在一起，彰显其品牌主张。

心法 91 看透财报的几个技巧:(1)留存收益是企业经营中的资本增值,如果留存收益大,企业发展潜力就大;(2)资产负债率适宜水平为 40% ~ 60%,企业毛利率在 40% 以上说明是龙头地位,销售费用和管理费用占毛利润的 30% ~ 80% 为合理;(3)健康成长的企业,经营现金净流量是正数,投资现金净流量是负数,筹资现金净流量是负数;(4)本身资金不充足但借款给其他公司,那这笔账是值得怀疑的;(5)若较高的主营收入却并未带来相应利润的提高,这也是值得怀疑的。

心法 92 企业如何利用好杠杆思维?要及时控制好负债规模,把握住负债率和偿债能力的指标。增强企业自身的经营能力,提高资金的周转效率,加快资金周转,降低资金的占有率。提前制订负债财务管理计划,企业一定要提前做好准备,以保证到期时有足够的资金偿还给债务人。企业可以采取股权融资和债权融资并行的方式。加杠杆要有个度,过度杠杆化会给企业带来巨大的风险。

心法 93 五种常见的股权激励模式:(1)股票期权,就是让你到期购买公司股票的选择权,也可放弃购买,但期权本身不可转让,企业没有现金支出,可用于留住人才;(2)虚拟股票,实现业绩目标,可享受分红,没表决权和所有权,不能转让或出售,离开公司就自动失效,不影响公司股本结构;(3)业绩股票,实现年度业绩目标,锁定一定年限后兑现,本质是奖金的延迟发放,收益是将来逐步兑现的;(4)股票增值权,公司业绩好,你就可以享受差价的增值,现金也可以;(5)延期支付,股权收入不在当年发放,可存于托管账户,到达期满后,以股票或现金的形式发放。

心法 94 与投资人交谈的原则和技巧:诚实守信,不要轻许诺言,没考虑清楚前不要轻易表态。交谈前创业者应准备多套方案。先讲对自己最好、最有利的方案，看投资方的态度再拿出其他备选的方案。如到账时间与计划，只要可以接受是可以同意的。要充分了解对手。除了对方的目标和底线外，还要了解性格、爱好和禁忌。如果是同乡或校友，会更容易走心，获得信任。当出现僵局时，可以退后一步，抛出一点小利作为补偿，把僵局打破，以小利获得大投资。

心法 95　如何找对投资人？找到核心投资领域与自己匹配的，包括哪个投资团队匹配，早期项目就该找天使投资，成熟的项目就要找实力雄厚的机构。不要急于找高层级的合伙人，他们一般不太关注早期项目，除非有特别通道或朋友介绍，否则很难见到合伙人级别的投资人。学会向投资人提问：有兴趣投我们吗？投资额度是多少？除了资金外，还提供哪些帮助？比如，营销渠道。衡量投资人的三个指标：投出的成功公司多、当期管理规模大、年均回报高。这样的投资人就越有经验，眼光越独到。当然要有好项目，才不怕融不到资。

心法 96　创业公司需要包装吗？虽然资金紧张，但是适当的包装还是需要的，这对融资发展有帮助。（1）宣传提高公司知名度。当然要采用最小的成本获得最大的效果，选择性价比高的营销方法。（2）包装核心团队。投资就是投人，创业者可从教育背景、工作经验、个人成就、发表行业成果等方面来包装团队。小米就很擅长包装明星团队。（3）包装公司文化。早期创业公司不一定有很深厚的企业文化，但氛围是可以营造的，如负责、积极、开放、创新的良好公司形象，参与社会公益活动，吸引优秀人才加盟。

心法 97　路演要用四个方面的数据讲故事，不能单纯用情怀、梦想去画饼。（1）内容为王的数据；（2）运营方面的数据；（3）资源方面的数据；（4）销售数据。

心法 98　不同阶段选择投资的侧重点:(1)种子轮。要确定能为你带来最多资源的领投者，能站在财富之外与创业者对话，分享自己创业成功的经验，能在创业者困难时提供帮助;(2)天使轮主要有三种，一是支票天使，只出钱，二是增值天使，他们有丰富的管理经验，三是超级天使，能够提供独特的支持;(3)A轮。除了资金外，供应商、合作渠道和战略合作资源优先考虑;(4)B轮。可以引进一些高端人才和合作资源，快速提高市场占有率;(5)C轮。要确保未来18个月的经营资金，搭建好平台的资源型机构，充分发挥抱团的作用。

心法 99　做大估值的六个参数:(1)供需关系。创新强、市场空白大、能切实解决用户痛点的项目在市场上越来越少，很多投资机构都争着找这样的明星项目;(2)市场潜力。具备刚需、高频、痛点的特点，如美团单车就解决了3 000米内步行太慢、打车太贵、公交太麻烦等出行问题。(3)行业情况。参考相关行业领域的估值情况，处于高科技行业的估值比较高，当年热门行业的估值也比较高;(4)用户数量。比如，全民K歌、唱吧的注册用户都达到千万甚至亿级，资本就比较认可，尤其是活跃用户和变现用户更有价值;(5)创业团队。在其他优秀平台工作过或连续创业的团队价值高;(6)交易细节。股权架构、出让股权、优先股和清算权等。

心法 100　融资合伙人的六大作用:(1)帮助创业公司完善商业计划书，优化商业模式，从投资公司的角度去解读，可以大大降低与投资人的沟通成本;(2)帮助创业者探讨公司的发展策略与价值，包括公司估值是否能让投资人接受;(3)对接专业和阶段匹配的投资人，少走弯路;(4)代表创业公司与投资机构洽谈，如估值的调整，双方省心;(5)把关投资条款的风险，律师可审合同，但具体条款要落实;(6)帮助创业者解决问题，如介绍圈内人才，对接相应的资源，提高创业公司在行业内的知名度。

参考文献

[1] 李利威.一本书看透股权架构 [M].北京：机械工业出版社，2019.

[2] 胡华成，马宏辉.合伙人：股权分配、激励、融资、转让 [M].2 版.北京：清华大学出版社，2020.

[3] 全联军.股权一本通：股权分配＋激励＋融资＋转让实操 [M].北京：清华大学出版社，2018.

[4] 王旭良.创业融资：从天使轮到 IPO [M].北京：电子工业出版社，2020.

[5] 包啟宏.股权为王：股权分配、股权合伙、股权投融一本通 [M].北京：人民邮电出版社，2018.

[6] 高建华.股权激励项目实战 [M].北京：电子工业出版社，2020.

[7] 沈宇庭.融资路演，讲好故事 [M].北京：中国经济出版社，2018.

[8] 苟旭杰.股权资本整体解决方案 [M].北京：中国经济出版社，2018.

[9] 郑指梁，吕永丰.合伙人制度：有效激励而不失控制权是怎样实现的 [M].北京：清华大学出版社，2017.

[10] 郑指梁.合伙人制度：以控制权为核心的顶层股权设计 [M].北京：清华大学出版社，2020.

[11] 周晓垣.股权融资整体解决方案 [M].北京：台海出版社，2018.

[12] 唐伟，车红.种下股权的苹果树 [M].北京：机械工业出版社，2016.

[13] 翁慕涵.这就是投资人 [M].北京：新星出版社，2021.

[14] 于强伟.股权架构解决之道 [M].北京：法律出版社，2019.

[15] 苏雯静.避开股权合伙这些坑：股权设计方法与案例 [M].北京：北京燕山出版社，2020.

[16] 桂曙光，陈昊阳.股权融资：创业与风险投资 [M].北京：机械工业出版社，2019.

[17] 蔡聪.创业公司的动态股权分配机制 [M].北京：人民邮电出版社，2020.

[18] 李曙光，陈柔兵.股权实操 36 课 [M].北京：北京联合出版公司，2022.

|后　记|

当我的第一本书《企业融资：投资人没告诉你的那些事》获得投资圈和创业者的极大认可与好评时，大家也期盼着我的第二本书《股权合伙控制终极解答》的出版。

这本书的主要内容是围绕创业的核心股权基因、创始合伙人股权分配、股权顶层设计、如何掌握公司控制权来创作的，辅以很多现实中的小案例加以说明，教创业者洞察股权融资过程中的陷阱，授之以股权激励实战操盘的方法，破解融资协议中的陷阱，让创业者少踩大坑、少走弯路。

这本书从小案例、全拆解到小结，让大家在审视案例的过程中仿佛看到自己的影子，这些真实的案例都是我实际工作中碰到的，所以讲起来十分口语化。我相信，你阅读时一定也会感同身受。市面上很多股权方面的书籍过于强调理论，这本书力图让你们读起来毫不费力，能够很快理解并在实践中学以致用。

在本书的最后，我还为大家特别奉献了创业成功率升级的 100 个心法。每个心法都是关于创业精华的总结，涵盖创业过程中的方方面面，寥寥数语，读完就可以对照自己，拿去实践与运用。

我希望能给更多创业者带来更高的认知力，加深综合心力，从容应对创业融资路上的各种陷阱与诱惑，始终不忘初心，向着自己的伟大梦想而进发！

　　在此感谢中国铁道出版社吕芨编辑的大力支持，感谢所有参考过的股权书籍作者的心血，感谢所有投资人前辈和企业家撰写的推荐词，感谢郑长春先生！感谢全国各地读友们一如既往对我的支持与厚爱！